RAPPORT POLITIQUE

DU

COMITÉ CENTRAL

CONGRÈS NATIONAL

du Parti Communiste Français

du 31 Mars au 6 Avril 1929

À PARIS

—— BUREAU D'ÉDITIONS ——
DE DIFFUSION ET DE PUBLICITÉ
132, FAUBOURG SAINT-DENIS. PARIS (10°)

PRIX : 3 Francs

RAPPORT POLITIQUE

DU

COMITÉ CENTRAL

CONGRÈS NATIONAL

du Parti Communiste Français

des 31 Mars au 6 Avril 1929

A PARIS

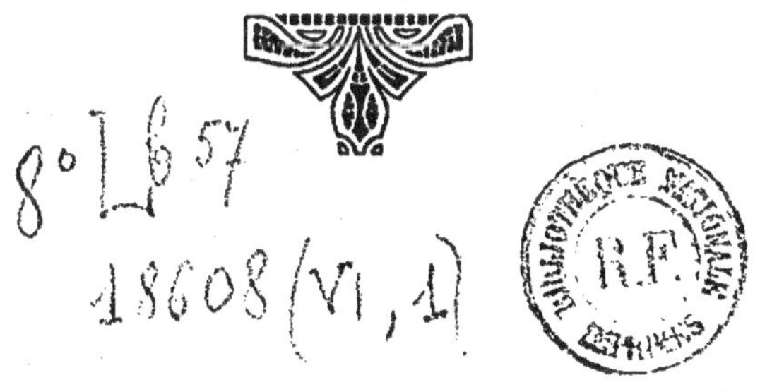

8° Lb 57
18608 (VI, 1)

Lb 57
19462

S125229

—— BUREAU D'ÉDITIONS ——
DE DIFFUSION ET DE PUBLICITÉ
132, FAUBOURG SAINT-DENIS, PARIS (10e)

RAPPORT POLITIQUE

Ce rapport politique du Comité Central qui part du Congrès de Lille, en juin 1926, doit examiner une période si riche en événements politiques, économiques et sociaux, que nous devons les sélectionner, ne souligner que les principaux, pour dégager ensuite l'attitude de notre Parti face à eux.

Pour comprendre la signification de ces événements, nous devons d'abord faire un court rappel des transformations profondes qui sont survenues dans la situation économique et politique au cours de ces dernières années.

Le 6ᵉ Exécutif de l'I. C. de mars 1926, dans la résolution française, puis la lettre du 2 avril 1927 du Présidium de l'I. C. au Comité Central, signalaient les importants changements survenus : dans la structure du capitalisme, dans le regroupement des classes, dans le regroupement des Partis.

Il nous faut en rappeler les grandes lignes.

Les changements dans la structure

La France a subi une industrialisation vertigineuse; son appareil de production s'est développé, sa production dépasse de 30 0/0 le niveau d'avant-guerre.

L'économie nationale s'est transformée du tout au tout et se distingue totalement de la France d'avant-guerre. Au lieu que ce soit l'agriculture, la petite et la moyenne industries et le petit commerce qui occupent la première place, c'est maintenant la grande industrie et les banques.

Au lieu de la vieille forme de capital bancaire, la fusion du capital industriel avec le capital bancaire a déterminé la domination du capital financier.

Les puissantes organisations monopolistes : trusts et cartels ont remplacé la petite et moyenne industries.

Des dizaines de milliers de prolétaires sont rassemblés dans des entreprises gigantesques et concentrés par centaines de milliers dans des grands centres et régions industrielles.

Les campagnes se dépeuplent, la terre manque de bras, la surface emblavée diminue et la paysannerie est atteinte d'appauvrissement.

Par suite de ces profondes transformations, la petite et moyenne bourgeoisies et la paysannerie voient leur rôle diminuer politiquement et économiquement, cependant que la grande bourgeoisie devient toujours plus puissante et plus arrogante.

Cette grande bourgeoisie recherche son expansion sur le continent et dans les colonies, elle a besoin de nouveaux marchés, de débouchés, de matières premières pour son industrie développée et en progression constante. Les guerres du Maroc et de Syrie caractérisent sa politique impérialiste.

Il s'est produit un regroupement des classes

La France petite-bourgeoise et démocratique est devenue une France où les conflits de classe se développent et s'aiguisent, où les masses évoluent et se radicalisent.

Le grand capital, la grosse industrie, s'efforcent de se soumettre l'État et le Parlement et de s'assurer tout le pouvoir en entraînant à sa suite la petite-bourgeoisie et en brisant sa résistance.

La petite bourgeoisie, avec un rôle économique de plus en plus diminué, joue un rôle politique de moins en moins important. Et les Partis de gauche vont de capitulations en capitulations pour se soumettre de plus en plus à la grande bourgeoisie.

Seul le prolétariat, par ses effectifs concentrés dans les grands centres industriels et par son unification déterminée par la technique moderne, représente une force réelle d'opposition et de lutte contre la bourgeoisie.

Ce regroupement des classes a déterminé un regroupement des partis

Les Partis d'avant-guerre ne correspondent plus aux nouveaux intérêts en jeu, à la situation actuelle du capitalisme concentré.

Le regroupement des classes qui transforme la base sociale des Partis, entraîne des modifications et des regroupements dans tous les Partis politiques.

La différenciation qui se produit au sein des couches petites-bourgeoises en disperse les éléments qui vont plus à droite ou plus à gauche. La plus grande partie s'intègre à la grande bourgeoisie, l'autre évolue vers le Parti socialiste. Les Partis dits de gauche, incapables de résoudre la crise sortant des cadres légaux du régime capitaliste, s'acheminent vers la collaboration étroite avec les Partis de la grande bourgeoisie.

Le Parti socialiste devient de plus en plus le parti de la petite-bourgeoisie qui s'affirme « gauche». Sa base est maintenant en partie petite-bourgeoise et en partie ouvrière.

Sa politique de collaboration avec la bourgeoisie et les gouvernants, son alliance avec les Partis dits de gauche, montre à quel point il est déjà lié au régime capitaliste et qu'entre lui et le Parti communiste va se développer une lutte décisive pour l'influence sur les larges masses. Cette analyse fut faite trois mois avant notre Congrès de Lille.

Le Congrès de Lille

Le Congrès du Parti eut lieu du 19 au 26 juin 1926. Sa thèse politique fut élaborée en tenant compte des changements signalés dans la résolution du 6ᵉ Exécutif. Elle analysait la situation de l'impérialisme français, les regroupements sociaux, la situation des différents Partis et fixait les perspectives et les tâches.

Rappelons-en quelques points principaux pour éclairer les événements après Lille :

Caractérisant le développement de la France vers un grand pays industriel, nous soulignions la soudure qui s'effectuait entre le capital industriel et le capital bancaire; le rôle des banques comme celles de Paris et des Pays-Bas et de l'Union Parisienne, étroitement liées aux Comités des Forges, des Houillères et aux grandes Compagnies de chemins de fer et possédant ou contrôlant des participations dans des entreprises du monde entier.

Examinant la crise financière qui sévissait, nous pronostiquions la dégringolade du franc, de lourds impôts, la banqueroute masquée du franc et la vie toujours plus chère. Nous indiquions que la stabilisation de la monnaie se réaliserait par la consolidation des dettes intérieures, par la dévaluation du franc et la contractation d'emprunts extérieurs, dont les conséquences seraient : la hausse des prix, la rationalisation de l'industrie, le chômage et la baisse des salaires.

Au lieu de la prospérité factice de l'industrie due à l'inflation, nous annoncions un resserrement de la production, une rationalisation accentuée, une crise du marché du travail et la certitude d'importants mouvements ouvriers. Nous avions la perspective d'une crise inévitable et prochaine, mais nous disions qu'elle n'avait rien de commun avec celle de l'Allemagne et que la situation en France n'était pas immédiatement catastrophique.

A peu de choses près, cette analyse et ces perspectives se sont par la suite vérifiées.

A propos du front unique, rappelant les critiques de la Conférence des 1er et 2 décembre précédents, nous indiquions que la pierre de touche de nos mots d'ordre devait être leur capacité de mettre les masses en mouvement et non leur acceptation par les chefs réformistes; que si le ton ne devait pas fournir prétexte à un refus par les socialistes, notre Parti ne devait jamais perdre son indépendance; enfin qu'il ne fallait pas se borner à l'agitation, mais créer des organismes de front unique dans les usines.

Nous précisions encore que si le front unique doit être en principe limité aux organisations prolétariennes ou se réclamant de la lutte des classes, dans des circonstances locales exceptionnelles, des actions occasionnelles pouvaient être décidées avec d'autres organisations, du moment qu'elles nous permettent de toucher des masses qui nous échappent généralement. Il s'agissait là d'entraîner dans la lutte contre la bourgeoisie certaines couches sociales paupérisées ou désorientées.

Cette tactique baptisée par certains « front unique élargi », par d'autres « accords circonstanciels » avait précédemment entraîné des déviations opportunistes; elle en provoqua de nouvelles après Lille, malgré que la thèse précisa nettement le but et la limite de cette tactique. Nous étions alors dans une période de développement de la crise d'instabilité qui déterminait un désaxement des classes moyennes et paysannes, notre Parti devait s'efforcer d'arracher ces couches à la bourgeoisie, de les organiser dans les comités divers (comités d'usagers, comités de défense paysannerie, comités anti-fascistes, etc.) impulsés par le Parti, de façon à en faire des alliés du prolétariat contre la bourgeoisie.

A propos du travail à poursuivre auprès des éléments « gauches » du Parti socialiste, le Congrès recommandait d'organiser l'opposition au sein du Parti socialiste et de la C. G. T. en vue de développer le travail de front unique et d'unité syndicale.

Ce sont là quelques rappels de nos perspectives, de notre politique et de notre tactique, fixés au Congrès de Lille.

Les événements au lendemain de Lille

Examinons maintenant les événements principaux survenus depuis Lille et notre politique et tactique face à eux.

Au moment du Congrès de Lille, nous connaissions déjà le plan de la grande bourgeoisie élaboré par le Comité des Experts.

La grande bourgeoisie se montrait décidée à abandonner la politique d'inflation pratiquée toute une période, qui lui avait permis l'utilisation maximum de son appareil de production considérablement développé et de s'assurer des marchés et débouchés nécessaires à l'écoulement de sa production accrue.

De cette politique d'inflation qui avait entraîné la ruine d'une masse de petites gens et aggravé la misère des travailleurs, la grande bourgeoisie passait à une politique de revalorisation du franc dans le but d'obtenir la stabilisation de fait à un taux convenable au développement de l'industrie et du commerce. C'est encore sur le dos du prolétariat et des couches de la petite-bourgeoisie et de la paysannerie que cette opération allait être poursuivie.

La venue de Caillaux au pouvoir et ses déclarations sur la nécessité de rétablir les finances et l'économie du pays en assurant l'ordre dans la rue, étaient autant d'avertissements.

La grande bourgeoisie, qui avait abattu un à un les gouvernements dits de « gauche », s'approchait méthodiquement du pouvoir.

Elle voulait un gouvernement fort pour réaliser la stabilisation du franc et la rationalisation industrielle, pour poursuivre sa politique de rapines coloniales et de préparation à la guerre, pour réprimer tout mouvement ouvrier et mater les organisations révolutionnaires. L'attaque des Partis de la grande bourgeoisie va se précipiter. Le 4 juillet, le rapport du Comité des Experts est publié. Le Ministère Caillaux-Briand venu au pouvoir le 23 juin tombe le 17 juillet, sur la question des pleins pouvoirs que la majorité lui refuse. Il avait pris la livre à 172, il la laisse à 208,75.

Des tractations sont déjà engagées avec les radicaux pour constituer un gouvernement d'Union Nationale. Cependant, Herriot accepte de constituer un Ministère dit de Concentration et dans ce but il s'adresse aux éléments des Partis de droite. Il échoue et forme alors un cabinet presque entièrement composé de cartellistes.

C'est le 19 juillet, la livre est à 239. La panique est générale. Les marchandises augmentent à vue d'œil. Les gens retirent précipitamment leur argent des banques et caisses d'épargne. Pendant que les banques continuent à démolir le franc, la grande bourgeoisie attaque à fond et utilise tous les moyens pour abattre le gouvernement.

Herriot va au-devant de ses désirs et le 20 juillet offre sa démission à Doumergue qui la refuse.

Le 21, la livre est à 243 50, et il n'y a plus que 100 millions dans les caisses du Trésor. Au Conseil des Ministres, la décision est prise que le gouvernement donnera sa démission en lançant un appel à l'Union Nationale. Poincaré est prêt et Herriot sait déjà qu'il sera son Ministre de l'Intérieur. Le soir même le gouvernement est renversé par 290 voix contre 243. Devant la Chambre, quelques centaines de fascistes manifestent. Poincaré est appelé pour constituer le nouveau Ministère.

Le 23, le gouvernement d'Union Nationale est constitué avec la collaboration des radicaux. La livre est revenue à 208.

Ces événements se déroulent à la vitesse d'un film. Ils surprennent notre Parti qui ne réagit ni assez vite, ni assez vigoureusement. C'est que la Direction ne saisit pas immédiatement que l'Union Nationale réalise le rassemblement des forces de la grande bourgeoisie et de la petite bourgeoisie dans le but de stabiliser et de rationaliser sur le dos des masses laborieuses.

Les radicaux collaborent à l'Union Nationale, les socialistes vont « laisser faire l'expérience ». L'Union Nationale est complète et va maintenant réaliser les grandes lignes du plan des Experts.

Le programme du gouvernement prévoit une augmentation des charges indirectes et une diminution des impôts frappant la fortune acquise, afin de regagner la confiance et d'amener le retour des capitaux « évadés » à l'étranger. Poincaré annonce 11 milliards d'impôts nouveaux.

La livre baisse à 170, mais le coût de la vie augmente, les prix de détail passent de 544 à 600.

Le gouvernement, poursuivant la réalisation de la stabilisation de fait du franc, crée la caisse d'amortissement de la dette flottante et accorde le droit à la Banque de France d'acheter des devises étrangères pour contrôler le marché des changes. De plus en plus, la politique financière de Poincaré s'oriente vers les solutions prévues par le Plan des Experts.

La réadaptation de l'industrie et la revalorisation du franc

L'industrie va rencontrer de grandes difficultés sur les marchés extérieurs maintenant qu'elle ne bénéficie plus de la prime à l'exportation que lui procurait l'inflation; elle n'est qu'au début de sa réadaptation, mais déjà se dessine le plan de rationalisation industrielle que capitalistes et gouvernants vont poursuivre systématiquement.

En novembre 1926, la livre tombe à 107 pour remonter bientôt à 140. Les capitalistes rapatrient maintenant leur avoir et achètent à nouveau du franc. La « confiance » renaît. Le gouvernement consolide plusieurs milliards de bons de la Défense Nationale, contracte des emprunts en Suisse et en Hollande, rembourse la Banque de France et reconstitue sa masse financière de manœuvre. Ce sont ces premières mesures qui vont lui permettre d'accentuer la revalorisation du franc et de la stabilisation de fait. En effet, la livre se maintient aux environs de 122. En décembre, la situation financière s'améliore mais la crise industrielle — prévue par le Plan des Experts — apparaît et se développe rapidement. Le chômage complet et partiel s'aggrave de jour en jour, cependant que la vie devient de plus en plus chère.

La politique de rationalisation industrielle par la baisse des salaires, le chronométrage, la chaîne et les longues journées de travail, par la « mise en valeur » des colonies est maintenant poussée à plein.

Profitant de la crise économique et du chômage, les capitalistes entreprennent une offensive en règle contre les salaires et les 8 heures pour obliger les ouvriers à accepter des salaires et des conditions de travail inférieurs.

Notre Parti dénonça alors le caractère de cette crise due à la revalorisation du franc, il alerta les travailleurs, et avec la C. G. T. U. organisa la défense des chômeurs, en liant leurs revendications à celles des ouvriers à l'usine et en les groupant dans des « comités de chômeurs ».

La crise devient sérieuse, le nombre des chômeurs va en augmentant. Le patronat use du chômage partiel qui limite et morcelle la résistance des travailleurs. Des petites entreprises ferment leurs portes et les faillites se multiplient.

Mais le gouvernement d'Union Nationale est solide, la mystique de la confiance a scellé le regroupement des forces de la petite et de la grande bourgeoisie. Il a l'appui complet des Partis de « gauche », aussi bien du Parti socialiste qui se borne à une opposition purement parlementaire, trop heureux que l'expérience de stabilisation financière ait été menée à bien et prêt à seconder tout effort de rationalisation industrielle et de consolidation capitaliste.

Ainsi, pendant que des millions de chômeurs luttent pour leur droit à la vie, les chefs réformistes (Jouhaux, Million, Lenoir) collaborent au Conseil Economique National au redressement économique avec les représentants de la grande industrie. Les chefs socialistes flattent la politique financière de Poincaré (V. Auriol), prônent la rationalisation à l'américaine (Spinasse) et demandent la fermeture des frontières pour protéger les ouvriers français contre le chômage (Lebas).

L'offensive contre la classe ouvrière devient plus violente, le mouchardage s'organise à l'usine, la répression s'accentue contre les militants et organisations révolutionnaires (C. G. T. U., Parti, Jeunesses).

1927. — Diminution de la crise économique et offensive contre les salaires

Pendant les mois de décembre 1926, janvier et février 1927, la crise évolue cependant que peu à peu l'industrie et le commerce se réadaptent au nouveau taux du franc. Les bénéfices accumulés pendant l'inflation permettent aux capitalistes de maintenir leur position sur le marché mondial en pratiquant le dumping.

Dans le courant de mars, la crise diminue, l'activité industrielle se rétablit peu à peu par suite des commandes passées par l'Etat et la reprise des exportations. Le nombre des chômeurs complets commence à diminuer (environ 500.000 en pleine crise).

L'offensive patronale contre les salaires est maintenant générale, particulièrement dans le textile et les mines, et la rationalisation se développe en même temps que la répression.

Notre Parti s'efforce d'organiser la résistance, de surmonter la passivité qui n'existe pas s ulement dans la classe ouvrière mais parmi les cadres des syndicats et du Parti et d'entraîner les ouvriers à la lutte pour les salaires et contre la rationalisation.

Ayant stabilisé de fait le franc, limité la crise économique, le gouvernement va s'efforcer de consolider la situation financière par une série de mesures : aménagement des échéances des bons à court terme, réduction des avances de l'Etat, démarches pour obtenir un aménagement de ses dettes extérieures, etc.

Parallèlement il poursuit la réorganisation de l'armée, procède à la convocation des réservistes et renforce tout son appareil militaire. Ses visées impérialistes se précisent et la politique de collaboration de la social-démocratie s'affirme de plus en plus.

Ce sont les socialistes Paul-Boncour et Renaudel qui défendent, au nom de l'Etat-Major et du Gouvernement, les nouveaux projets militaires.

Les préparatifs de guerre vont être poussés dans tous les domaines, la course aux armements va s'accentuer pendant que se multiplieront les proclamations et les déclarations pacifistes sur le désarmement et sur la « volonté de paix de la France ». Les socialistes, Paul-Boncour en tête en qualité de représentant du Gouvernement d'Union Nationale à la S. D. N., se font les propagandistes de ce pacifisme frelaté créateur d'illusions.

Courant mars, la crise de décroissance prendra désormais un caractère traînant avec des soubresauts dans la production et les échanges. L'Union Nationale élargit son influence dans les couches petites-bourgeoises satisfaites de la stabilisation du franc et Poincaré prépare un budget équilibré qui se chiffrera à 50 milliards.

Dans cette période, notre Parti a poursuivi une campagne d'agitation qui portait particulièrement contre l'offensive patronale (salaires, chômage, huit heures), pour le soutien de la révolution chinoise et de l'U. R. S. S., contre les projets militaires et les dangers de guerre.

En juin — veille de notre conférence de Saint-Denis — nous indiquions dans la thèse soumise à la discussion et établie à la base d'une lettre de l'I. C. au Comité Central (1), que la crise financière en partie solutionnée, et la crise économique en décroissance, n'étaient que des épisodes dans la grande crise économique mondiale qui avait pour cause profonde la disproportion entre l'appareil de production et les possibilités d'absorption diminuées tant sur les marchés extérieurs que sur le marché intérieur. Nous soulignions que le problème dominant était celui du prix de revient et que l'adaptation de l'industrie posait toute la question de la rationalisation et de ses conséquences : baisse des salaires, augmentation du rendement par le chronométrage et la chaine, allongement de la journée de travail, d'où accentuation de la lutte des classes et de la répression patronale et gouvernementale.

A propos de la politique extérieure, après avoir souligné le rôle de l'impérialisme français en Chine, nous dénoncions la coalition impérialiste qui se réalisait contre l'U. R. S. S., les attaques et provocations dont elle était l'objet en indiquant que la France, deuxième puissance coloniale du monde, participerait tôt ou tard à une attaque contre la Russie des Soviets aux côtés de l'Angleterre.

Les tâches que nous fixions alors, étaient :

1° La lutte contre la guerre dans les colonies et en Chine et les dangers de guerre contre l'U. R. S. S.;

2° La lutte contre les projets militaires;

3° La lutte contre la baisse des salaires et les conséquences de la rationalisation;

4° La lutte contre la répression;

5° La lutte contre les tarifs douaniers et le budget;

6° La réalisation pratique du front unique et la lutte pour l'unité syndicale.

Déjà cette conférence avait mis en avant la lutte contre l'intervention en Chine et pour la défense de l'U. R. S. S., que le 8e Exécutif de l'I. C. avait particulièrement analysés et soulignés.

Mais nous manquions par trop de précisions sur le rôle propre de l'impérialisme français et notre résolution ne précisait pas suffisamment le danger principal de guerre contre l'U. R. S. S.

Notre analyse était juste mais incomplète sur le caractère général de l'offensive capitaliste et sur les préparatifs de guerre. Nos tâches étaient mieux fixées, mais dans l'application pratique des fautes allaient être commises et des déviations opportunistes allaient se manifester notamment sur la question de la répression et des dangers de guerre.

Dans cette période, le gouvernement va s'efforcer de se débarrasser des éléments révolutionnaires et de décapiter les organisations pour mieux mater le prolétariat. Il ordonne l'arrestation de militants de la C. G. T. U. et du Parti condamnés pour « provocation de militaires à la désobéissance ». Invités par le Ministre de la Justice à se constituer prisonniers à une date déterminée, des camarades de la fraction communiste acceptent à la Chambre cette procédure légale et se rendent peu après à la Santé. Le B. P. ne réagit pas, comme il aurait fallu, à cette faute opportuniste.

Bien qu'une campagne ait été poursuivie contre la répression, celle-ci n'eut pas les résultats désirables, parce que mal dirigée par la direction du Parti, parce que trop orientée vers des solu-

____

(1) Voir cette lettre de l'I. C. aux Annexes.

tions parlementaires et vers des appels aux « gauches », aux démocrates, et pas assez vers l'action des masses.

Accentuation de la radicalisation, de la répression et résistance ouvrière

Sous les coups de fouet de la rationalisation et de la répression, la classe ouvrière reprend l'offensive et des grèves surgissent. L'affaire Sacco et Vanzetti met en mouvement de larges masses. Au lendemain de l'exécution de ces militants des manifestations puissantes et violentes se produisent à travers le monde. C'est l'indication d'un mouvement de radicalisation des masses qui va aller s'accentuant. Notre Parti, par son agitation, réalise une bonne démonstration dans Paris au lendemain de l'exécution de Sacco-Vanzetti. De véritables batailles de rue eurent lieu qui indiquaient une réelle volonté de lutte des masses. Mais notre Parti perd peu après le bénéfice de cette action en affirmant trop à la légère dans *l'Humanité* que la classe ouvrière s'opposera à la manifestation projetée de l'American Legion, alors qu'il devra battre en retraite faute de pouvoir organiser et protéger sa démonstration.

L'offensive politique de la bourgeoisie est maintenant à la fois intérieure et extérieure. L'impérialisme français est aux côtés des grands impérialistes pour tenter d'abattre la révolution chinoise et il poursuit avec eux la préparation de la guerre contre l'U.R.S.S.

En France, l'attaque est menée contre l'Ambassade en la personne de Rakovski. Des complots d'espionnage sont organisés dans lesquels on s'efforce de compromettre l'Ambassade. Le Gouvernement et sa presse à tout faire demandent le rappel de Rakovski et menace de rompre avec l'U. R. S. S. Finalement, Rakovski est rappelé, à la satisfaction de la grande bourgeoisie.

Courant août 1927, le ralentissement de la crise économique continue, celle-ci va maintenant conserver une allure traînante.

L'amélioration de la situation financière ne résoud toujours pas la question essentielle du maintien des positions de l'industrie française sur le marché mondial et de la conquête des nouveaux débouchés grâce à une baisse des prix de revient.

L'offensive capitaliste de rationalisation et de baisse des salaires se heurte à la résistance accentuée de la classe ouvrière et les grèves se développent avec comme but la lutte pour les salaires et contre les conséquences de la rationalisation.

L'orientation vers " l'empire colonial " et les menaces de guerre impérialiste

L'impérialisme français s'oriente de plus en plus vers son « empire colonial » pour élargir ses marchés, organiser sa production, le faire rendre au maximum, ainsi que pour mettre sur pied une armée coloniale qui viendra suppléer celle de la métropole dans la paix, contre les mouvements ouvriers et coloniaux, dans la guerre pour protéger « l'empire colonial » et « renforcer l'armée de la métropole ».

L'offensive contre l'U. R. S. S. ne se révèle plus seulement diplomatique et politique, elle est économique par le refus d'accords financiers et par l'organisation du boycott industriel. Elle est surtout d'ordre militaire par les intrigues nouées avec les Etats limitrophes et par l'armement de ceux-ci en vue d'une attaque armée.

Notre Parti, au cours de ces mois d'août, de septembre et d'octobre 1927, déploya le maximum de son activité contre les préparatifs de guerre impérialiste, pour la défense de l'U. R. S. S. et pour l'amnistie. Il seconda la Semaine Internationale des Jeunes du 27 août au 4 septembre, dont les mots d'ordre étaient : la lutte contre la guerre impérialiste et pour la défense de l'U. R. S. S.

A l'occasion du Congrès de la C. G. T. U. qui eut lieu en septembre à Bordeaux, avec à son ordre du jour les grandes questions suivantes : revendications immédiates, dangers de guerre, syndicalisme à base multiple, réorganisation confédérale, lutte pour l'unité, notre Parti donna un bon effort de préparation à l'intérieur et à l'extérieur du Parti et organisa pour après le congrès un mois syndical qui fut consacré, d'une part, à discuter au sein du Parti sur les tâches syndicales et sur l'application des résolutions du congrès, et, d'autre part, à faire comprendre aux travailleurs la nécessité de l'organisation syndicale. Mais on enregistra un manque de travail d'organisation qui nous fit en grande partie perdre le bénéfice de l'agitation faite.

La guerre au communisme pour la mise du parti hors la loi

Tout en développant sa politique impérialiste dans tous les domaines, le gouvernement accentue parallèlement la répression. La lutte contre le communisme et contre la classe ouvrière est conduite systématiquement — Sarraut proclame « le Communisme est l'ennemi » et celui-ci est de plus en plus pourchassé, à l'usine comme à l'armée. Aux procès d'espionnage, succèdent les conseils de guerre contre les réservistes qui luttent contre les périodes. Les coups de force contre les organisations du Parti et contre les Syndicats se succèdent. Les arrestations de militants pour contrainte par corps et préventivement se multiplient. Le mouchardage dans les usines entraîne le renvoi de tous ceux qui sont suspectés d'être communistes ou sympathisants.

Cette période qui marque plus clairement la volonté des gouvernements de détruire les organisations révolutionnaires, de mettre le Parti « hors la loi », est également la période où le capitalisme accentue sa rationalisation et sa lutte contre les salaires et où les gouvernants multiplient leurs préparatifs de guerre.

D'une façon générale, la réaction du Parti est encore insuffisante. Sa direction, en grande partie emprisonnée à la Santé, n'a pas une vue claire et juste de la situation. Les fautes et faiblesses se continuent. La répression n'est pas exactement appréciée, les dangers de guerre et le rôle de l'impérialisme français ne sont pas convenablement soulignés et mis en vedettes, certains les exagèrent, d'autres — qui sont la majorité — les sous-estiment.

L'approche des élections crée une grande fièvre à tous les échelons du Parti; faute d'avoir procédé à une analyse approfondie des changements survenus et cependant signalés dans des résolutions de l'I. C., notamment dans celle du VI° Exécutif de mars 1926, beaucoup de camarades pensent qu'il n'y a pas lieu de modifier sensiblement la tactique électorale de 1924. Déjà aux élections sénatoriales, cette tactique de désistement réciproque des « gauches » contre les « droites » avait été à tort employée et la direction envisageait, à l'occasion des élections parlementaires, le désistement *conditionné* chaque fois que le maintien du communiste pouvait faire élire un candidat d'Union Nationale.

Cette situation créait un grand malaise dans le Parti; des organisations de base réagissaient contre la politique de la direction, notamment à propos de la répression.

Le Comité central des 9 et 10 Novembre 1927

Ce C. C. est un des plus importants dans l'histoire du Parti pour le tournant qu'il marque dans la politique du Parti pour le redressement des fautes à caractère opportuniste qu'il a vigoureusement dénoncées, et la lutte qu'il a engagée contre les éléments de droite, avoués ou masqués.

Sa « Lettre Ouverte » (1) aux membres du Parti résume ses discussions et décisions. Elle analyse les caractères de la crise à l'époque, l'état de radicalisation des masses, fixe les erreurs du Parti, donne les bases de la politique de redressement à poursuivre ainsi que la tactique électorale classe contre classe, qui découlait de toute l'analyse faite et de l'examen de la situation économique et politique fixée à l'échelle mondiale par l'I. C.

Il est indispensable de rappeler ici quelques points principaux de cette Lettre. Sur la crise, la Lettre Ouverte dit : :

« ...la crise actuelle de l'économie française n'était pas une simple crise passagère d'origine monétaire, mais elle était une crise chronique résultant des disproportions entre l'appareil de production et les possibilités d'absorption du marché intérieur, comme des débouchés extérieurs... »

« ...La crise qui fit son apparition à la fin de 1926 n'a pas pris une allure catastrophique mais une allure glissante, et au cours de ces derniers mois, une accélération lente mais continue... »

« ...La crise chronique « larvée » depuis le printemps 1917, a pu être réduite à une stagnation continue grâce à des expédients provisoires et à des circonstances exceptionnelles parmi lesquelles la différence entre les prix des produits nationaux et les prix du marché mondial qui laisse une marge d'exportation à l'industrie, et une pression sans cesse aggravée des heures de travail (surmenage)... »

« ...L'atténuation de la crise n'a donc été que momentanée et la bourgeoisie n'a toujours pas résolu la question essentielle posée devant l'impérialisme français : maintien de ses positions sur le marché mondial, conquête de nouveaux débouchés par la baisse des prix de revient... »

« ...Nous allons donc vers une accentuation inévitable de la lutte de classes et des antagonismes internationaux. De nouvelles attaques plus violentes contre les conditions de vie des travailleurs se préparent, les menaces de guerre se précisent... »

« ...Afin de pouvoir pousser ses tentatives de rétablissement aux frais des masses laborieuses, le grand capital a également besoin d'une stabilité politique durable. C'est pourquoi il recherche l'élection d'une majorité parlementaire soutenant un gouvernement et un élargissement de l'Union Nationale qui, à la différence tous les moyens.

« Le succès relatif de « l'expérience Poincaré » ; si l'on examine cette question sous l'angle de l'intérêt de la grande bourgeoisie, s'est traduit par un regroupement des catégories économiques de la bourgeoisie, et, dans le domaine politique, par un renforcement et un élargissement de l'Union Nationale qui, à la différence de l'ancien Bloc National, est l'expression politique de la quasi-totalité du capitalisme français.

« La stabilisation relative du capitalisme français ne peut avoir d'autre conséquence qu'une concentration politique de ses forces... »

« ...Aussi, le Parti doit-il s'orienter sur la perspective du renforcement de l'Union Nationale, de la constitution sinon formelle,

____

(1) Voir le texte intégral de cette Lettre ouverte aux Annexes.

du moins en fait, d'un grand Parti de classe de la bourgeoisie et d'une pression croissante du capitalisme... »

Sur l'état de radicalisation des masses, la Lettre précise :

« ...On constate partout une tendance à la lutte directe, beaucoup plus accentuée, une radicalisation de la classe ouvrière. La violence des manifestations Sacco-Vanzetti, l'enthousiasme des travailleurs pour le 10ᵉ anniversaire de la Révolution russe, la multiplication et la longueur des grèves à l'heure actuelle, les manifestations des réservistes qui ne sont que le reflet dans l'armée de l'état d'esprit de lutte de classe ouvrière, la désagrégation partielle du Parti socialiste, sont autant de faits qui démontrent une plus grande combativité de l'ensemble du prolétariat.

« Dans la paysannerie, un mécontentement grandissant est causé par le poids de plus en plus lourd des impôts Poincaré et par l'écart entre les prix des produits industriels et les prix des produits agricoles.

« Dans les colonies, l'effervescence grandit, notamment au Maroc, en Tunisie, en Indochine... »

Sur les erreurs du Parti, la Lettre indique :

« ...La répression ne pouvait être réduite à une simple opération de politique intérieure, à une manœuvre électorale, à un épisode du jeu parlementaire. Sans doute, ce petit côté de la répression existe, mais il est secondaire ; la répression est plus sérieuse, elle est l'offensive de la bourgeoisie contre les seules organisations qui, en développant la lutte de classe et le travail révolutionnaire, compromettent ses plans de stabilisation aux frais des travailleurs et les peuples opprimés. C'est le nouveau et grand pas fait dans la voie de la restriction des formes démocratiques qui ne conviennent plus à la politique d'impérialisme rapace de la grande bourgeoisie parce qu'elles laissent trop de liberté aux organisations qui luttent contre la politique de rationalisation capitaliste, de colonialisme, de guerre contre l'U. R. S. S.... »

Et la résolution signale les fautes de la direction du Parti, de l'*Humanité* et de la Fraction Parlementaire dans la répression, que nous examinerons plus au fond par la suite.

La Lettre fixe encore les tâches de redressement et indique ce que le C. C. propose à l'examen du Parti comme tactique électorale sur la base de la lutte « classe contre classe ». En voici le passage essentiel :

« ...1° Le Parti communiste opposera au second comme au premier tour ses candidats aux candidats bourgeois, radicaux comme réactionnaires. Il ne fera pas voter, dans un ballottage, pour Daladier contre Poincaré, pour Painlevé contre Maginot ;

« 2° Le Parti communiste opposera immédiatement au Parti socialiste la formation au deuxième tour d'un bloc ouvrier en vue du maintien contre tous les candidats bourgeois, du socialiste ou du communiste. Le désistement mutuel des deux Partis se réclamant de la classe ouvrière sera conditionné à l'acceptation d'un programme minimum ;

« 3° Le Parti communiste déclare qu'au cas où le Parti socialiste repousserait sa proposition de Bloc Ouvrier et Paysan, le Parti communiste se réserve de maintenir un candidat prolétarien en face de tous les chefs socialistes qui accomplissent une besogne contre-révolutionnaire et qui se déclarent les défenseurs de la démocratie bourgeoise contre le communisme. »

Cette Lettre entraîna non seulement une discussion au sein du Parti (insuffisante sans doute), mais une foule de commentaires les plus divers dans le camp de la social-démocratie et de la bourgeoisie.

A l'époque, nos adversaires et ennemis de classe ne croyaient pas que notre Parti appliquerait une telle tactique de classe. Socialistes et radicaux comptaient sur les communistes au second tour et les englobaient dans le bloc des « gauches ».

D'ailleurs, au sein même du Parti, même après la publication de la Lettre Ouverte, nombreux étaient ceux qui croyaient au désistement automatique, au moins en faveur des socialistes, et qui interprétaient le mot d'ordre classe contre classe dans un sens étroit et purement électoral, davantage comme une affirmation théorique que comme une réalisation pratique.

Cependant le redressement de la ligne du Parti, décidé après une sérieuse analyse de la situation, ne s'appliquait pas seulement à la tactique électorale, mais signifiait surtout une orientation plus vigoureuse dans la lutte du prolétariat contre la bourgeoisie et les gouvernants d'Union Nationale; comme une action de classe plus énergique contre les conséquences de la rationalisation capitaliste, contre les préparatifs de guerre et une lutte plus efficace contre la social-démocratie politique et syndicale. La tactique visait à arracher les ouvriers à leurs illusions sur le Bloc des Rouges, sur la fausse démocratie bourgeoise, sur la collaboration des classes et à les entraîner à la lutte directe classe contre classe dans l'usine.

En décembre 1927, le gouvernement, poursuivant sa politique d'assainissement financier, faisait adopter un budget qui atteignait 55 milliards. Une certaine dépression économique indiquait que la crise allait traverser une phase assez aiguë dans les mois d'hiver. Le chômage complet et partiel se développait à nouveau. Le coût de la vie, qui avait subi une légère baisse en octobre, reprenait sa marche ascendante. Au cours de décembre et janvier, on enregistrait une sous-consommation des produits de consommation courante. Bien que le nombre des grèves fût étale, une certaine effervescence régnait dans les entreprises pour l'augmentation des salaires et contre la rationalisation. La répression se faisait toujours plus féroce à l'usine comme à l'égard des organisations révolutionnaires.

La crise agraire qui s'était fait sentir au cours du deuxième semestre de 1926, traversait une nouvelle phase fin 1927, provoquée par une sous-consommation intérieure, une augmentation des importations et une baisse parallèle des exportations.

Cette crise, aggravée par les lourdes charges fiscales et par la hausse des produits industriels, entraînait une baisse générale des produits agricoles chez le producteur, sans déterminer pour cela une baisse correspondante du coût de la vie à la consommation.

Le gouvernement s'efforça de limiter cette crise grâce à des mesures douanières, mais en réalité la situation des petits paysans va demeurer incertaine et le problème agraire restera entier, créant un malaise persistant.

La collaboration du Parti socialiste et de la C. G. T.

Le Parti socialiste, qui avait « laissé faire l'expérience Poincaré », et en réalité soutenu le gouvernement d'Union Nationale, avec la C. G. T. qui lui accordait sa collaboration la plus étroite sur le plan économique en pratiquant la « paix industrielle », s'affirmaient de plus en plus comme les meilleurs auxiliaires de l'Union Nationale dans son entreprise de stabilisation financière et de rationalisation industrielle. La lutte de la social-démocratie contre le prolétariat révolutionnaire et ses organisations, secondait parfaitement celle poursuivie par les capitalistes et gouvernants. Dans son Congrès de Noël, le Parti socialiste souligne encore son orientation à droite en reconnaissant l'opposition de façade qu'il avait faite à l'Union Nationale, en abandonnant l'impôt sur le capital et en déterminant sa tactique électorale qui, au deuxième tour, allait aboutir en fait à la reconstitution du néo-cartel avec les radicaux et le situer comme l'aile marchante de gauche de l'Union Nationale. D'ailleurs, Poincaré, dans ses discours pré-électoraux, ne manque jamais de rendre hommage au Parti socialiste en déclarant « qu'il a conduit son opposition sans aucune hostilité, avec modération et loyauté et n'a pas cherché à entraver l'action essentielle de son gouvernement ».

1928. — La situation politique à la veille des élections

De plus en plus, l'Union Nationale rassemble toutes les forces de la grande et petite-bourgeoisie, elle se renforce en vue de réaliser l'opération de la stabilisation légale du franc. Elle a la collaboration assurée du Parti socialiste et de la C. G. T. qui lui apportent la soumission des couches ouvrières soumises à leur influence. La consultation électorale ne changera rien à cet état de faits, elle viendra confirmer l'analyse faite dans notre « Lettre Ouverte » sur le regroupement des forces de classe et le rôle des Partis, que la Conférence Nationale des 30 janvier au 2 février va examiner à nouveau et préciser.

Cette conférence nationale qui doit, entre autres, fixer la tactique électorale du Parti, se tient deux mois après la publication de la Lettre Ouverte. Elle fera le point sur la situation économique et politique et fixera les tâches en particulier dans le travail syndical. La résolution adoptée est un document qui marque un nouveau pas vers le redressement commencé au C. C. de novembre et dont les points principaux doivent être rappelés.

La Lettre Ouverte, sans prévoir une phase catastrophique de la crise économique, laissait entendre que celle-ci serait sérieuse; ses proportions étaient ainsi établies dans la résolution de janvier :

« ...Le redressement de la monnaie décela le vice fondamental de l'économie du capitalisme français d'après-guerre. Mais la crise économique qui semblait devoir, à l'automne 1926, se précipiter brutalement, surprenant même la vigilance des organisations ouvrières, prit par la suite un aspect « traînant » qu'elle conserve encore à l'heure actuelle.

« ...La nécessité pour le capitalisme de conserver un taux normal des profits et sa capacité de concurrence, l'a conduit à accentuer fortement sa pression sur les travailleurs.

« Les diminutions de salaires et l'intensification du travail imposées au cours des derniers mois ne suffisent pas à assurer au capitalisme français la diminution des prix de revient de fabrications qui pourrait lui permettre de remédier temporairement à la dépression chronique dont il souffre. Dans le cadre de ce problème capital, la stabilisation monétaire n'est pas une fin, un aboutissant pour le gouvernement d'Union Nationale, elle offre au patronat une base plus solide sur laquelle il s'appuiera pour tenter la réalisation d'ensemble de la rationalisation capitaliste.

« ...Avec le surmenage, fatigue plus grande dans l'usine rationalisée, discipline aggravée de la production, nouveaux systèmes de travail, allongement de la journée de travail, le chômage, les diminutions de salaires, tout cela joint à la sous-consommation des masses, l'aggravation générale des conditions d'existence de la classe ouvrière et paysanne, évolue à une allure plus rapide que celle de la crise de production. Ce renforcement d'exploitation nécessite un gouvernement homogène et « fort » absolument décidé à faire méthodiquement la politique de classe indispensable. »

Sur les dangers de guerre qui s'étaient encore précisés par les préparatifs militaires poursuivis, elle indique :

« ...L'impérialisme français ne peut maintenir ses positions sur le marché mondial et conquérir de nouveaux débouchés qu'au prix de heurts constants avec les impérialismes rivaux et grâce au renforcement de ses moyens d'oppression et de combat.

« ...C'est pour se garantir une position prépondérante dans ces antagonismes internationaux, c'est pour réaliser sa féroce politique anti-ouvrière, c'est pour se préparer à l'agression contre l'U. R. S. S., c'est enfin pour écraser tout mouvement d'indépendance nationale des peuples des colonies afin de permettre leur « mise en valeur » que l'impérialisme français, avec l'appui des chefs socialistes, transforme et renforce son appareil militaire.

« ...Dans son effort pour asservir les masses laborieuses de la métropole et des colonies et pour s'ouvrir des marchés nouveaux, l'impérialisme se heurte à l'avant-garde ouvrière groupée dans l'I. C., à la Russie des Soviets, au mouvement révolutionnaire du prolétariat et des paysans chinois et à la lutte des populations coloniales.

« Mais toutes les rivalités entre impérialistes laissent au premier plan l'antagonisme fondamental entre l'ensemble des puissances impérialistes et l'Union Soviétique, d'où la politique de l'Union Nationale pour la préparation de la rupture et de la guerre envers l'U. R. S. S.

« ...Nous allons donc incontestablement vers une aggravation générale de la lutte de classe et des menaces de guerre dans le monde. Dans cette situation, l'impérialisme français jouera un rôle dirigeant de premier plan. Voilà la perspective qui doit dominer toute l'action de notre Parti et déterminer sa tactique. »

Elle souligne que nous n'avons pas su apprécier le caractère de l'offensive patronale et gouvernementale :

« ...L'analyse de la situation faite à la Conférence de Saint-Denis était juste mais incomplète. Elle a été clarifiée et complétée par la Lettre Ouverte du C. C. Mais notre Parti, dans son action quotidienne, n'a pas su tirer les conclusions pratiques des perspectives déterminées par cette conférence nationale.

« 1° Nous n'avons pas apprécié justement le caractère de l'offensive patronale et gouvernementale. C'est cette fausse appréciation qui détermina une grande faiblesse dans notre direction du mouvement ouvrier, un manque d'impulsion de notre travail syndical pour l'organisation de la lutte ouvrière et qui fit que nous ne sûmes pas tenir compte du réveil qui s'opérait plus particulièrement depuis le printemps 1927 parmi les travailleurs. Différentes fautes que nous devons absolument condamner marquent dans certains cas une tendance à freiner le mouvement ouvrier. Exemples : Roanne, mouvement du textile de la Loire. Différents mouvements de mineurs. Manque d'attention à la lutte contre le chômage partiel. Frein des mouvements de salaires.

« Nous n'avons pas attaché assez d'importance aux méthodes nouvelles employées par le patronat et à leur liaison avec le renforcement de la répression gouvernementale pour les combattre. Nous ne nous sommes pas attachés avec assez d'ardeur à établir une liaison effective avec les travailleurs des grosses entreprises.

« 2° Nous avons eu tendance à traduire trop uniquement les questions politiques sous l'angle parlementaire (question de la législation ouvrière, chômage, etc.). Notre action parlementaire ne fut pas assez l'aboutissant et le reflet de l'action de masse et de la lutte directe des ouvriers.

« 3° Nous avons eu tendance à nous maintenir trop dans les limites de la légalité bourgeoise et à ne pas pousser suffisamment la classe ouvrière à la lutte et à la résistance contre la répression.

« 4° Nous n'avons pas assez expliqué le caractère des dangers de guerre, le rôle de premier plan de l'impérialisme français dans la préparation de la guerre impérialiste, et pas assez dénoncé clairement les illusions pacifistes et le rôle de la S. D. N., ce qui ne nous permit pas d'obtenir une mobilisation des larges masses contre la guerre impérialiste.

« 5° Dans l'application de la tactique du front unique, le Parti n'a pas suffisamment utilisé à la base les propositions faites pour développer autour d'elles un mouvement et des organisations de masses. »

Précisant les tâches à accomplir pour que la politique de redressement soit poursuivie énergiquement de la base au sommet, la résolution en fixe les points :

« 1° Concentrer notre agitation et notre propagande autour des grands mots d'ordre suivants :

« Contre l'Union Nationale et les conséquences de sa politique pour la classe ouvrière;

« Contre les chefs socialistes et réformistes qui font le jeu de la réaction en soutenant l'Union Nationale;

« Contre le mensonge de la démocratie bourgeoise;

« Contre les dangers de guerre impérialiste et les illusions pacifistes;

« Pour la défense de l'U. R. S. S. et la révolution chinoise;

« Pour le gouvernement ouvrier et paysan... »

« 2° Opposer au front des forces bourgeoises soutenues par les chefs socialistes, le front unique de la classe ouvrière sur la base des revendications immédiates en les liant à notre but final... »

« 3° Lutter contre les menaces de guerre impérialiste, l'intervention envers l'U. R. S. S., la guerre dans les pays coloniaux. »

« 4° Accentuer la résistance à la répression et la lutte pour l'amnistie. »

« 5° Organiser la M. O. E. et la main-d'œuvre coloniale. »

« 6° Utiliser le malaise qui touche les paysans pour les dresser contre le gouvernement d'Union Nationale en soutenant les revendications du Conseil Paysan. »

Enfin, elle précise notre tactique « classe contre classe » en fixant les principes suivants :

« Notre tactique électorale sera basée sur les principes suivants:

« 1° Au premier tour, le Parti ira à la bataille sur son programme communiste dans toutes les circonscriptions.

« 2° Le Parti maintiendra au second tour ses candidats contre tous les candidats bourgeois et en règle générale contre les candidats socialistes qui auront repoussé nos propositions de Bloc Ouvrier et Paysan.

« 3° Notre attitude envers les socialistes ne peut dépendre de leur situation en face des candidats « réactionnaires » en raison de ce que l'Union Nationale supprime la démarcation formelle qui existait entre réactionnaires et « hommes de gauche ».

« 4° Si le C. C. estime cependant qu'il est nécessaire en quelques cas de faire des exceptions, il fera une proposition concrète à l'I. C. qui l'examinera en accord avec lui.

« La campagne électorale ne doit pas être séparée de notre activité générale. Nous devrons, au cours de la campagne, changer absolument les méthodes d'agitation « traditionnelles » et marquer profondément le caractère communiste de notre campagne en lui faisant dépasser le cadre local qu'accentue fortement le scrutin d'arrondissement... »

Les élections et la politique des partis

Les mois de février et mars 1928 sont ceux de la préparation des élections par tous les Partis et aussi par le gouvernement. Poincaré prononce deux discours-programmes dont le but est le maintien de l'Union de toutes les forces petites-bourgeoises et bourgeoises dans l'Union Nationale, en vue d'assurer son triomphe électoral. D'ailleurs, radicaux-socialistes et socialistes collaborent à l'Union Nationale depuis sa venue au Pouvoir et Poincaré leur rend publiquement hommage en soulignant les excellents résultats de la participation ministérielle des radicaux-socialistes pour le retour et le maintien de la confiance et en remerciant les socialistes de leur « loyale opposition parlementaire » qui a permis la réalisation « de l'expérience Poincaré » que le Parti socialiste avait heureusement décidé de laisser faire.

Pendant les élections tous les Partis — socialistes compris — porteront leurs coups contre le communisme et contre l'U. R. S. S., aucun, à l'exception du nôtre, n'attaquera à fond l'Union Nationale en lui opposant un autre programme et une autre politique. Les critiques superficielles faites, sont dirigées contre la formation parlementaire de l'Union Nationale et ne visent qu'à orienter si possible celle-ci plus à gauche en maintenant la confiance à Poincaré, présenté par tous comme le seul chef de gouvernement capable de maintenir la confiance et de mener à bonne fin la politique de redressement financier et économique, entreprise depuis 1926.

Ainsi, les élections allaient se faire sous le signe de l'Union Nationale, réalisée des Partis de droite au Parti socialiste compris, contre l'ennemi commun : le communisme. Poincaré allait être « plébiscité par toute la nation » grâce à l'appui ouvert ou masqué de tous les Partis.

Seul notre Parti fit campagne contre l'Union Nationale avec comme base d'agitation la lutte pour les revendications immédiates de la classe ouvrière, la lutte contre la guerre impérialiste et pour la défense de l'U. R. S. S. Par l'application de la tactique « classe contre classe », notre Parti rompit définitivement avec la « discipline républicaine » et avec la conception du « Bloc des rouges » contre les droites. Il apparut aux masses comme le seul Parti du prolétariat luttant effectivement contre l'Union Nationale et loin de s'éloigner des masses, il accrut son influence notamment dans les centres prolétariens où la social-démocratie exerce encore son influence.

La conférence du Parti, en juin, qui fit le bilan de la situation au lendemain des élections et l'autocritique de l'activité électorale du Parti, apprécia dans sa résolution les résultats de la tactique « classe contre classe » de la façon suivante :

« Dans l'ensemble, notre tactique a été comprise et marque un gros succès en raison de ce que :

« 1° Elle a donné au prolétariat une politique complètement indépendante vis-à-vis des diverses fractions de la bourgeoisie. Elle a permis la rupture avec la tradition démocratique qui enchaînait le prolétariat à la petite bourgeoisie dite de gauche.

« 2° Face à la coalition de tous les autres Partis, notre Parti s'est affirmé le seul adversaire de l'Union Nationale, la seule force pouvant s'opposer à l'offensive politique et économique de la bourgeoisie, le seul guide du prolétariat.

« 3° Dans la masse ouvrière, la campagne nous a montré autour de notre Parti une frange d'environ 300.000 sympathisants comprenant et appliquant notre tactique, profondément attachés au Parti. C'est dans cette masse que doit porter notre principal effort de recrutement pour la formation d'un vrai Parti bolchévik.

« 4° La pression exercée sur notre Parti par les forces de la petite-bourgeoisie a eu ses répercussions à l'intérieur du Parti et la réaction saine qu'elle a déterminée ne peut que renforcer son unité idéologique et organique sur la base de la politique « classe contre classe ».

Dégageant les caractéristiques essentielles des élections, la résolution souligne : :

« 1° Un renforcement des Partis qui ont été les initiateurs et les dirigeants de l'Union Nationale qui deviennent dans la nouvelle Chambre le groupe dirigeant. »

Ce résultat correspond au renforcement économique de la grosse bourgeoisie et à son effort pour prendre directement en mains la direction de l'Etat.

Ce renforcement s'est manifesté au cours de la campagne par une plus grande homogénéité de vue politique. Elle se traduisit par une centralisation de l'agitation des Partis bourgeois, une répartition plus méthodique de leurs efforts et surtout un travail important pour présenter un programme social. L'unification des forces de la bourgeoisie et son orientation nouvelle ont été pour une part dans son succès.

« 2° La désagrégation et l'effondrement du Parti radical. Les radicaux qui ont été élus dans la nouvelle Chambre, l'ont été sous l'égide de l'Union Nationale et en défendant son programme. Le Parti radical avait été en 1924 le centre de ralliement de la petite-bourgeoisie et l'axe du Cartel. Son intégration dans l'Union Nationale, commencée dès la faillite de l'expérience cartelliste en 1926, est aujourd'hui complète.

« 3° Les socialistes, utilisant pour leurs fins petites-bourgeoises les illusions qui subsistent encore dans certaines couches ouvrières et paysannes arriérées, sur la nécessité d'une discipline républicaine et de la lutte des rouges contre les blancs, se sont en fait agglomérés à l'Union Nationale.

« 4° Toute cette évolution des Partis dits de gauche traduit le désarroi profond de la petite-bourgeoisie et le ralliement d'une fraction importante de celle-ci à la politique du grand capital et en particulier à sa politique financière.

« Elle y entraîne même certaines couches du prolétariat encore trompées par les illusions démocratiques, dupées par le mirage de la stabilisation. »

L'Union Nationale sortait renforcée des élections et allait en premier lieu procéder à la plus importante mesure en vue de réaliser la stabilisation monétaire : la stabilisation *légale* du franc.

Notre conférence de juin fixait de la façon suivante les conséquences de celle-ci :

a) Aggravation progressive du coût de la vie par la tendance à l'égalisation des prix mondiaux (l'indice des prix de gros est actuellement à 132-or en France, alors qu'il est à 117 en Belgique, 140 en Italie, 153 en Amérique et en Allemagne, 162 en Angleterre) et, par le relèvement des tarifs douaniers déjà réclamé par les industriels, par le relèvement à l'indice 5 des dépenses budgétaires comportant un accroissement des impôts, et par la hausse des loyers.

b) Accentuation de la rationalisation en raison des plus grandes possibilités pour l'industrie, d'obtenir à meilleur marché, des crédits à long terme. D'ailleurs, le développement des exportations conduisant à une balance positive est une des conditions essentielles du maintien de l'équilibre budgétaire. Aussi, l'appareil étatique renforcé par la collaboration de la C. G. T. réformiste et le soutien du Parti socialiste donnera-t-il un appui accru aux mesures de tout ordre qui doivent concourir au développement de la rationalisation.

La stabilisation légale libère dans une certaine mesure la bourgeoisie d'un problème qui, au cours des dernières années, avait accaparé une grande partie de ses forces. Elle va lui permettre d'aborder un autre problème important : la question des dettes intérieures. Mais la stabilisation par elle-même ne sera pas un élément déterminant dans la solution de ce problème qui est lié à la question internationale des dettes interalliées et à l'application du plan Dawes. — D'ailleurs, dans les plus proches perspectives, les paiements en nature de l'Allemagne continueront à être un facteur de rétrécissement du marché intérieur et accroîtront d'autant plus la tendance au développement du marché extérieur.

Le développement des marchés extérieurs reste donc le problème dominant de l'industrie française, la stabilisation légale accroîtra les possibilités d'extension des mesures de rationalisation et aura pour conséquence une aggravation certaine de la situation du prolétariat dans son niveau de vie, la répression s'accentuera, les dangers de guerre s'accroîtront, la radicalisation des masses et des luttes de classes s'accentueront.

L'Union Nationale renforce sa politique et la classe ouvrière accentue sa résistance

Dans le premier trimestre 1928, les travailleurs passent de plus en plus à l'offensive contre les diminutions de salaires.

C'est que le coût de la vie augmente sans cesse en même temps que le patronat s'efforce de diminuer les salaires et d'accentuer la rationalisation, tout en aggravant le mouchardage et la répression à l'usine.

On assiste également au déclanchement de grèves contre les méthodes de rationalisation capitaliste et de solidarité pour protester contre le renvoi des militants de base qui organisent la résistance à l'usine.

La radicalisation des masses s'est manifestée aussi d'une façon tout à fait grande dans les casernes. Les réservistes de la classe 22, les soldats de l'active, en particulier le dernier contingent incorporé, ont, au cours des dernières années, développé leur lutte pour leurs revendications. Cette lutte prend de plus en plus un caractère de masse. Cependant, dans la direction des luttes des soldats et de la lutte antimilitariste en général, notre Parti ne joue pas toujours son rôle dirigeant et de grosses faiblesses dans l'organisation de la lutte anti sont à souligner (recensement, commissions mixtes anti, Amicales, etc.).

Ce développement de l'action ouvrière confirme l'appréciation sur le processus de radicalisation des masses que nous avons donnée dans la Lettre Ouverte et la résolution de la Conférence de janvier.

Maintenant, la préoccupation de l'Union Nationale est de préparer un budget équilibré et de faire que celui-ci soit adopté en fin d'exercice afin d'éviter les douzièmes provisoires. L'impérialisme français poursuit systématiquement le renforcement de toute son organisation militaire en même temps qu'il se livre avec la collaboration de la social-démocratie à une agitation pacifiste sur la paix et le désarmement. C'est le grand tapage autour du pacte Briand-Kellogg pour la mise de la guerre « hors la loi », qui sera ratifié à Paris le 27 août 1928.

En face de cette vaste duperie sur la paix, cachant la préparation méthodique de la guerre dans tous les pays; en face du rôle de premier plan joué par notre impérialisme dans l'organisation de l'attaque contre l'U. R. S. S. par l'armement des Etats limitrophes (Pologne, Roumanie, Tchécoslovaquie, Yougoslavie), notre Parti poursuit une vaste agitation contre les préparatifs de guerre et pour le soutien actif de l'U. R. S. S. à l'occasion de l'anniversaire de la guerre de 1914-1918, de la signature du pacte Kellogg, de la Semaine Internationale des Jeunes, du XIe anniversaire de la révolution russe du du Xe anniversaire de l'armistice.

Dans cette même période se tiennent le IVe Congrès de l'I. S. R. (mars), puis le VIe Congrès de l'I. C. (juillet-août), cependant que siège à Bruxelles le Congrès de la IIe Internationale.

L'importance du IVe Congrès de l'I. S. R. réside dans la fixation des tâches pratiques de ses adhérents dans les différents pays, en regard de la situation économique et politique, et surtout face à la politique accentuée de collaboration et de « paix industrielle » pratiquée par la social-démocratie à l'échelle mondiale. Nous avons publié la résolution de ce Congrès fixant les tâches pratiques immédiates de la C. G. T. U. afin qu'elle prenne effectivement en mains l'organisation et la direction des luttes ouvrières et active le développement des organisations unitaires pour un travail systématique dans les grandes usines et dans la masse des inorganisés. Notre Parti n'a pas accordé à la réalisation des tâches fixées par cette résolution toute l'attention et l'activité désirables et nous en signalerons les raisons dans la partie auto-critique.

Quant au VIe Congrès Mondial, le caractère et l'importance de ses discussions, les thèses, résolutions et le programme qui sont sortis de ses travaux, sont et seront largement soulignés dans des documents et rapports qui lui sont spécialement réservés. Le premier point de l'Ordre du Jour de notre Congrès lui sera consacré et un rapport particulier sera soumis au Parti.

Les social-démocrates s'efforcèrent de donner un aspect de force à leur Congrès de Bruxelles pour répliquer au VIe Congrès Mondial de l'I. C. — Indiquons seulement que ce Congrès de la social-trahison qui révéla l'intégration plus profonde du socialisme réformiste à l'Etat bourgeois, par l'aveu de collaboration plus étroite aux organismes de l'Etat et aux entreprises de rationalisation capitaliste par l'affirmation de la nécessité de la défense nationale et de la colonisation capitaliste fut une nouvelle démonstration du rôle de contre-révolutionnaires, d'ennemis acharnés du communisme et de la révolution russe, que jouent de plus en plus les socialistes de droite comme de gauche dans tous les pays.

Les crises parlementaires de l'Union Nationale

Les mois d'août, septembre et octobre 1928, mois des « vacances parlementaires » et aussi de recrudescence des luttes ouvrières, devaient se terminer par le coup de théâtre « oppositionnel » du Congrès radical-socialiste d'Angers qui, en provoquant la démission des quatre ministres radicaux, entraînait une crise ministérielle à la veille de la rentrée parlementaire.

Cette crise fut dénouée par le retour de Poincaré au pouvoir à la tête d'un gouvernement dont les radicaux s'étaient exclus. Nous avons souligné en son temps que l'origine de cette « opposition » purement parlementaire des radicaux-socialistes qui provenait d'un assez profond mécontentement existant au sein des couches de la petite-bourgeoisie et de la paysannerie, surchargées d'impôts, inquiètes des préparatifs de guerre et des coups portés à la laïcité.

La résolution du Congrès radical-socialiste d'Angers avec ses six revendications minima, en créant l'illusion d'une véritable opposition à l'Union Nationale, s'efforçait d'endiguer le mécontentement de la petite-bourgeoisie et de la paysannerie. Cette manifestation n'était pas dirigée contre le programme de l'Union Nationale, c'était une pression sur le gouvernement qui ne visait qu'à obtenir quelques concessions et promesses sur les articles 70 et 71 concernant les congrégations religieuses et sur des abattements fiscaux en faveur du petit commerce et de la paysannerie.

Cette crise strictement parlementaire a démontré que les radicaux-socialistes, en dépit de leur opposition de façade, restaient d'accord avec le programme de l'Union Nationale et de fait leur collaboration pour son application allait continuer. Elle démontra également que les socialistes étaient prêts à soutenir un gouvernement « orienté à gauche » qui, selon la formule du groupe socialiste à la Chambre, « se montrerait décidé à appliquer une politique de réformes » et la participation ministérielle fut envisagée si un président du Conseil à la convenance des socialistes faisait appel à leur concours.

Cette non-participation ministérielle des radicaux et surtout l'opposition de certaines couches de la petite-bourgeoisie et de la paysannerie, indique que, par rapport aux années 1926-1927, qui furent les années de grande soumission des « gauches » pour le salut du franc, il s'est produit un certain rétrécissement de la base sociale de l'Union Nationale, sans que cela puisse modifier en rien la politique poursuivie par la grande bourgeoisie à l'aide de l'Union Nationale. L'Union Nationale continuait avec une autre formation gouvernementale et la politique de la grande bourgeoisie allait se renforcer encore du fait que dans le nouveau gouvernement les représentants de la grosse industrie étaient placés dans les principaux ministères qui commandent la vie politique et économique du pays.

Notre Comité Central qui siégeait au moment de cette crise apprécia justement son caractère et son dénouement. Les régions furent invitées à profiter des manifestations et des meetings organisés à l'occasion de la Semaine du 7 au 11 novembre pour en souligner le sens véritable et mettre les travailleurs en garde contre les illusions que pourrait faire naître l'opposition de façade des Partis radical-socialiste et socialiste.

Ce Comité Central de novembre fut des plus importants. Il eut à discuter sur le rapport du VI° Congrès de l'I. C. et en particulier sur les questions françaises traitées à la commission latine du VI° Congrès. Le Parti est déjà informé des conclusions apportées par ce C. C. par la publication des résolutions adoptées et il le sera plus complètement encore par la parution en brochure des documents essentiels de la discussion des questions françaises au 9e Exécutif et à la Commission latine du VIe Congrès.

Le développement des luttes ouvrières

Dans le deuxième semestre de 1928, la croissance des luttes ouvrières se fait de plus en plus sentir par le nombre et l'ampleur des grèves déclanchées dans leur plus grande majorité pour des augmentations de salaires :

103	grèves en	juillet	englobant	23.000	grévistes.
119	—	août	—	36.000	—
118	—	septembre	—	62.000	—
140	—	octobre	—	110.000	—
139	—	novembre	—	52.000	—
90	—	décembre	—	51.000	—

Ces chiffres montrent la forte poussée des grèves qui atteignent de grandes industries comme le textile, le bâtiment, les transports et manutention, puis les mines, mais ne touchent que très peu des industries maîtresses comme la métallurgie et les produits chimiques où notre faiblesse est grande.

Malgré la réduction du nombre des grévistes en novembre et décembre — survenant après la poussée du mouvement du textile du Nord en octobre — la tendance est à l'action plus directe des masses, classe contre classe, et au développement des luttes ouvrières. Les grèves des mineurs de la Loire, du Gard et de l'Aveyron souligne cette volonté de lutte des travailleurs qui déborde non seulement la résistance des réformistes collaborateurs du patronat et des gouvernants, mais aussi celle des « freineurs » et des « passifs » qui se trouvent dans les cadres de la C. G. T. U. et du Parti. Les grèves touchent les centres et régions où le réformisme est implanté, c'est un indice que le processus de radicalisation des masses s'effectue à un rythme assez accéléré et que les travailleurs soumis à l'influence de la social-démocratie s'en détachent peu à peu pour participer à l'action directe contre le patronat, dans le front unique avec les éléments lutte de classe.

Au cours de ces grèves, la politique de collaboration et de « paix industrielle » pratiquée par le Parti socialiste et par la C. G. T. s'est manifestée par la plus cynique des trahisons du prolétariat, par l'appel aux ouvriers réformistes et autres à rester au travail, en même temps que des tractations étaient engagées avec patrons et gouvernants dans le but d'étrangler les mouvements. Cette trahison a été perpétrée non seulement par les chefs réformistes, mais du sommet des organisations réformistes aux cadres de base, qui accomplirent les pires besognes de jaunes.

Le Comité National de la C. G. T. U. de novembre se consacra particulièrement à l'examen de la situation des luttes ouvrières et marqua qu'à la différence du début de l'année, où la classe ouvrière résistait à l'offensive patronale contre les salaires, elle passait maintenant à l'attaque pour les augmentations de salaires. Il montra également au travers du développement des grèves que nous mordions sur les couches ouvrières se trouvant sous l'influence de la social-démocratie. On cita l'exemple du textile du Nord où la grande majorité des ouvriers sont sous l'influence réformiste et où, en dépit des manœuvres de la social-démocratie et de l'échec de la grève, les travailleurs qui ont lutté à nos côtés nous conservent leur confiance.

Ainsi se vérifie l'appréciation que nous avons faite sur l'intégration toujours plus complète de la social-démocratie à l'Etat capitaliste, sur sa politique toujours plus étroite de collaboration avec capitalistes et gouvernants en vue de la stabilisation et de la consolidation du régime capitaliste, ainsi que dans la lutte contre le communisme et contre la Russie des Soviets.

Nous arrêterons là cette première partie du rapport qui retrace les événements survenus dans la politique intérieure depuis juillet 1926 jusqu'à janvier 1928, pour examiner plus en détail la politique de notre Parti pendant la même période, en soulignant ses résultats comme ses fautes, ses faiblesses et ses déviations opportunistes.

La politique du Parti, ses faiblesses et déviations

Depuis le Congrès de Lille, notre Parti a déployé une grande activité d'agitation et d'organisation contre la politique intérieure et extérieure de l'Union Nationale. C'est d'abord une vaste agitation au moment de la venue de Poincaré au pouvoir, c'est une bonne campagne pendant la crise de chômage de 1926-1927 pour l'organisation et l'aide aux chômeurs, c'est l'agitation faite en commun avec la Fédération des Jeunesses contre la loi Paul-Boncour et contre les périodes de réserves, c'est son action systématique contre la rationalisation capitaliste et ses conséquences et pour la défense des salaires. Enfin, face aux préparatifs de guerre de la bourgeoisie, à ses attaques contre la révolution chinoise et contre l'U. R. S. S., notre Parti a poursuivi une incessante agitation en liant étroitement celle-ci aux luttes immédiates du prolétariat.

Malgré les faiblesses et les fautes de droite commises et dont nous allons souligner les plus graves, notre Parti a su se placer à la tête de toutes les luttes de la classe ouvrière et montrer à celle-ci qu'il est son guide le plus sûr et le seul Parti vraiment révolutionnaire. D'ailleurs, en dépit d'une stagnation de ses effectifs, dont nous déterminons les causes dans un rapport spécial, son influence sur les masses ouvrières et paysannes n'a cessé de grandir et son autorité dans la direction de toutes les luttes contre la bourgeoisie s'affirme toujours davantage, ce qui indique une confiance accrue de la part du prolétariat.

Ceci dit, il nous faut examiner l'attitude de notre Parti, de sa direction en particulier, en face des grands événements politiques et sociaux de ces dernières années.

D'abord l'erreur initiale qui fut de ne pas avoir suffisamment compris les importantes transformations dans les conditions économiques et politiques de la France, dans le regroupement des classes et des Partis et que la résolution du VIᵉ Exécutif de l'I. C. de mars 1926, puis la lettre de l'I. C. au C. C. d'avril 1927 avaient correctement analysés.

C'est pourquoi la direction du Parti continua à porter la plus grande partie de son attention sur les manifestations superficielles de la vie parlementaire, sur les manœuvres et combinaisons des différentes fractions ou Partis de la bourgeoisie et de la social-démocratie sur le plan électoral et parlementaire. Ceci l'entraîna à négliger l'organisation de la véritable bataille à l'usine et à l'armée et à ne pas apporter tout l'effort nécessaire pour la conquête et l'organisation des éléments décisifs pour la lutte directe contre le patronat et l'Etat.

La venue de Poincaré au pouvoir

N'ayant pas justement apprécié dans son constant développement la politique suivie par la grande bourgeoisie pour obtenir la constitution d'un gouvernement fort, capable d'appliquer sa politique de stabilisation et de rationalisation par une sur-exploitation des masses ouvrières et paysannes dans la métropole et des colonies, la Direction du Parti ne comprit pas immédiatement la signification de la venue de l'Union Nationale au pouvoir avec Poincaré et n'informa pas le Parti. Elle ne vit pas tout de suite que ce gouvernement signifiait le rassemblement de la quasi-totalité de la bourgeoisie et de la petite-bourgeoisie, avec l'appui du Parti socialiste, pour la réalisation d'une politique commune, dont la base allait être le plan des experts.

Notre Parti engagea dans tout le pays une campagne contre l'Union Nationale, mais celle-ci n'eut lieu qu'en septembre, c'est-à-dire un bon mois trop tard.

Un gros effort fut fait dans la préparation. Des instructions furent données pour que des réunions d'usines précèdent et suivent les meetings avec comme but le renforcement du Parti et des syndicats. Des assemblées d'information pour les membres du Parti furent organisées en même temps pour traiter des changements dans la situation et des tâches du Parti.

Cette campagne eut un bon retentissement, notre Parti enregistra de 5 à 6.000 adhésions, mais il ne toucha pas suffisamment les usines, notamment les grandes entreprises et l'agitation n'eut pas de lendemain au point de vue de l'action contre le gouvernement d'Union Nationale.

L'Humanité mena pendant cette période de crise ministérielle une campagne exclusivement parlementaire; elle parla même du mot d'ordre de dissolution de la Chambre, que le B. P. fit enlever du journal.

A la Chambre, la fraction parlementaire fut très indécise. Si elle fit de bonnes interventions contre le plan des experts, contre le gouvernement Herriot-Poincaré, son attitude à l'égard du dernier Cabinet Herriot révéla que certains étaient prêts à soutenir ce gouvernement mort-né, sous la pression d'éléments socialistes et même radicaux, et cela malgré une décision contraire du B. P.

Bien que notre Parti ait au cours du mois de juillet et août appelé les travailleurs à manifester le 11 juillet au Pré-Saint-Gervais contre le plan des experts, le 14 juillet aux Champs-Elysées contre Primo de Rivera et Moulay Yousseif, le 26 juillet au Cirque de Paris, avec le groupe des Amis de l'Unité, à l'occasion de la Conférence anglo-russe, le 4 août à Garches contre la guerre, toutes ces manifestations dressèrent de nombreux ouvriers, mais ne laissèrent que peu d'échos dans les usines en raison de ce qu'on n'y faisait pas un effort correspondant d'agitation et d'organisation.

Crise de chômage de 1926-1927

Fin 1926 et commencement 1927, la crise économique traversa une phase aiguë provenant de la revalorisation du franc et une crise de chômage assez sérieuse s'en suivit.

A l'occasion de cette crise de chômage, nous avons eu les éléments « pressés » qui voulaient des démonstrations de rues, de l'action directe immédiate, avant toute organisation (certains parlaient même de possibilité de prise du pouvoir par les chômeurs) et aussi les « pessimistes » qui ne voulaient aucune action et étaient prêts aux réductions de salaires et à la diminution des heures de travail, en préconisant le mot d'ordre « du pain pour tous ».

Certains voyaient là une crise analogue à celle de 1921 en déterminant son origine dans la surproduction de marchandises et la consommation trop réduite; d'autres l'assimilaient à celle de 1848 et préconisaient « le droit au travail », comme à l'époque, par l'ouverture de grands travaux nationaux (article de Cadine).

Des camarades organisèrent la solidarité parmi les ouvriers à l'usine et ils proposaient d'assurer le secours aux chômeurs par les collectes de la classe ouvrière. Un courant xénophobe se manifesta aussi dans le prolétariat contre la main-d'œuvre étrangère, en réclamant son rapatriement.

A part quelques fautes de détail, notre Parti sut réagir contre ces déviations et prendre en mains le travail parmi les chômeurs. Il obtint de bons résultats dans le domaine des revendications et de l'organisation des chômeurs dans les syndicats et dans le Parti.

La répression contre le Parti et la classe ouvrière

Au moment où le gouvernement d'Union Nationale accentua sa politique de répression, c'est-à-dire dès qu'il eut surmonté les plus grosses difficultés de la stabilisation monétaire, quand Sarraut accentua l'offensive contre le mouvement révolutionnaire en déclarant : « Le communisme voilà l'ennemi », la réplique de la Direction ne fut ni juste, ni assez vigoureuse. La tendance était davantage à faire appel « aux sentiments démocratiques » des gauches qu'à organiser la protestation de la classe ouvrière. Elle ne sut pas alors apprécier le caractère véritable de la répression, malgré que dans des résolutions précédentes elle ait judicieusement souligné celle-ci (thèses de Saint-Denis). Le respect du légalisme entraîna des camarades du B. P. et du C. C. à se rendre volontairement en prison après en avoir fait la promesse à la Chambre.

Ces camarades se rendaient si peu compte du caractère de la répression et du sérieux des déclarations de Sarraut contre le communisme que, rentrés en prison fin juin, ils pensaient en sortir amnistiés le 14 juillet, puis le 11 novembre. Ils pensaient qu'il ne s'agissait là que de petites manœuvres pré-électorales. Ils essayaient de justifier les redditions en affirmant la nécessité de réunir tous les éléments de la Direction du Parti à la Santé pour conserver les responsabilités en commun et ne pas apporter de changements dans la Direction du Parti.

L'attaque contre l'U. R. S. S. et l'intervention en Chine

Au moment où l'impérialisme anglais accentuait ses attaques contre l'U. R. S. S., les gouvernants d'Union Nationale, mettant à exécution leur plan d'offensive en commun, cherchèrent la rupture par une agression contre l'Ambassade Soviétique en la personne de Rakovski. Notre Parti mena bien une campagne pour la défense de l'U. R. S. S., mais la politique poursuivie par notre impérialisme fut présentée comme étant surtout le résultat de la pression de l'impérialisme anglais et des grands pétroliers, alors qu'il s'agissait avant tout d'une attaque concertée de l'impérialisme français et de l'impérialisme anglais.

De même au moment de l'intervention des impérialistes en Chine, des membres du C. C. et du B. P. affirmaient que la France se maintiendrait dans l'expectative, « qu'elle n'était pas pressée de s'engager dans cette galère », qu'elle laisserait faire l'impérialisme anglais « ayant toujours le temps d'intervenir pour retirer les marrons du feu », et ils accusaient les visées de l'Angleterre en ménageant visiblement les gouvernants français qui cependant poursuivaient en Chine la même politique que les autres impérialismes, comme on devait le voir un peu plus tard.

C'était là une sous-estimation manifeste des dangers de guerre et du rôle propre de l'impérialisme français, dont la position en Extrême-Orient exige une politique d'entente avec l'Angleterre, politique qui s'est par la suite manifestée avec éclat par la conclusion de l'accord naval franco-anglais.

C'est cette sous-estimation des dangers de guerre qui conduisit des membres du B. P. à se livrer à des pronostics sur la date possible du déchaînement de la guerre et à des conclusions absolument fausses sur le caractère de la répression et sur l'attitude du Parti et notamment des membres de la Direction à cet égard.

A la base du Parti, dans la Région Parisienne, des protestations se firent entendre, en particulier contre les redditions volontaires, contre la ligne du Parti et de *l'Humanité* dans les questions de la répression, dans celle des dangers de guerre et de la politique du gouvernement d'Union Nationale pour sa préparation. La Fédération des Jeunesses marquait également ces mêmes désaccords et s'efforçait d'obtenir un redressement de la ligne du Parti en collaboration avec les camarades de la Direction qui en comprenaient la nécessité.

L'origine du redressement du Parti et le caractère des désaccords

Dans la discussion qui allait s'engager sur la situation en France et sur la politique et la tactique du Parti à l'occasion des élections, on allait voir que ces fautes de droite successives dont l'ensemble constituait une ligne, provenaient de conceptions erronées qui se manifestaient au sein du C. C. et du B. P. sur la crise économique et ses conséquences, sur les dangers de guerre, sur les rapports des forces de classe et la politique suivie par les Partis de gauche et par le Parti socialiste, sur la radicalisation des masses et les luttes ouvrières.

Les désaccords entre membres du B. P. et du C. C. devaient se préciser dans la discussion sur la « Lettre Ouverte » du C. C. de novembre. Des camarades combattaient l'analyse générale de la situation en France faite dans cette Lettre Ouverte et ils déclaraient que la tactique classe contre classe étant établie à la base de celle-ci, ne pouvait être juste et que son premier résultat serait de couper notre Parti des masses.

Si nous devons reconnaître que notre appréciation du développement de la crise économique était inexacte en raison de ce que nous nous attachions trop aux soubresauts de la crise et pas assez à ses origines et à sa nature, cette erreur ne peut en rien affaiblir l'analyse que nous donnions de la politique impérialiste et expansionniste poursuivie par l'Union Nationale, du regroupement des classes et des Partis ainsi que les passages importants sur les fautes de notre Parti, sur la politique de redressement à poursuivre et la fixation des premières bases de notre tactique classe contre classe. Ce qu'il faut surtout retenir dans l'orientation de la Lettre Ouverte, c'est l'accent qu'elle mettait sur l'accentuation inévitable de la lutte de classe et des antagonismes internationaux, qui nous permettaient de fixer notre tactique et nos tâches en conséquence. Il faut rappeler qu'au 9ᵉ Exécutif, notre camarade Boukharine, en indiquant qu'une période de conjoncture favorable ne pouvait pas être écartée, nous demandait de vérifier certains points de notre analyse sur la crise économique, mais il déclarait que ceci ne changerait rien dans la détermination de notre tactique classe contre classe qui n'était pas particulière à notre Parti, mais était établie à la base d'un examen de la situation mondiale et valait pour toute l'Internationale.

Or, la plupart de ceux qui combattaient la tactique le faisaient avec une conception absolument fausse de la situation économique et politique. En déclarant que notre appréciation sur la crise était erronée, ils soutenaient la possibilité d'une amélioration durable des positions du capitalisme français, ils déclaraient que la radicalisation des masses et notre perspective de lutte accentuée de la classe ouvrière n'existaient que dans notre imagination et ils mettaient en avant toutes les ressources que peut posséder le capitalisme pour réduire la crise, négligeant les nombreuses contradictions internes et externes qui précipitent celle-ci. Ils opposaient à nos perspectives de vie plus chère et de luttes ouvrières pour les salaires, la possibilité d'une baisse des prix et une politique de hauts salaires par le patronat. Ils opposaient à notre appréciation du renforcement de l'exploitation coloniale et des dangers de guerre impérialiste grandissants, l'affirmation que les colonies n'avaient jamais été aussi tranquilles et que la guerre n'était pas dans les perspectives immédiates, qu'elle n'éclaterait vraisemblablement pas avant 1930-1932.

La position de ces camarades qui s'efforçaient de souligner tous les côtés positifs leur permettant de conclure à un rétablissement durable du capitalisme parce qu'ils négligeaient systématiquement les côtés négatifs qui nous permettaient à nous de conclure à une accentuation des antagonistes, ne se différenciait guère de la position de la social-démocratie qui célèbre la consolidation définitive du régime capitaliste.

Sous-estimation des dangers de guerre et de la répression

C'est cette conception erronée de la crise générale du capitalisme et de la situation particulière du capitalisme français qui est à l'origine de la sous-estimation du rôle de l'impérialisme français et des dangers de guerre.

On a vu plus haut les fautes commises au moment de la révolution chinoise et de l'affaire Rakovski, ainsi que la position nettement opportuniste suivie dans la répression et qui devait entraîner les reddilions volontaires. Ces mêmes fautes de droite allaient se répéter à l'occasion des manifestations contre la guerre, du 5 août 1928 à Ivry, puis du 27 août suivant à Saint-Denis. La résolution du travail du B. P. intérimaire adoptée par le C. C. de novembre indique que l'échec de ces manifestations s'explique non seulement par le défaut d'organisation, mais par une grande sous-estimation des dangers de guerre, par une persistance des tendances légalistes au sein du Parti qui entraînent toujours une sous-estimation du caractère de la répression et un courant de scepticisme à l'égard de la politique suivie par la bourgeoisie pour aboutir à la mise de notre Parti dans l'illégalité.

Les fautes de Saint-Denis puis de Vincennes venant après « l'expérience » déplorable d'Ivry, soulignent l'importance du travail d'éclaircissement et de redressement à faire du sommet à la base du Parti.

La sous-estimation des dangers de guerre allait encore se révéler à l'occasion de la semaine du 7 au 11 novembre où, en dépit d'instructions détaillées données par Lettre Politique aux régions en septembre et des instructions spéciales qui suivirent, il n'y eut que peu de réalisations pratiques. Dans une autre Lettre Politique aux Régions en décembre dernier, nous formulions les critiques suivantes : « Les informations qui nous ont été adressées ou que nous avons recueillies sur la campagne du 7 au 11 novembre, montrent qu'il n'y a eu que de très faibles réalisations et que le manque de réaction de la classe ouvrière, qui est cependant en mouvement pour les salaires, provient de la passivité du Parti, du manque de travail pratique des communistes à l'usine dans le travail syndical comme dans celui du front unique, de la faiblesse et aussi d'une certaine résistance à effectuer un travail antimilitariste systématique. De plus, il existe dans le Parti un courant aussi dangereux qui, tout en déclarant son accord avec l'appréciation du Parti sur l'imminence de la guerre, n'entreprend rien pratiquement. Cela s'est manifesté tout particulièrement par la non-activité des réservistes communistes de la classe 22. »

Il s'agit donc bien d'une sous-estimation des dangers de guerre.

Cette sous-estimation se manifesta encore au sein du B. P. intérimaire par des propositions faites par Doriot au lendemain de la manifestation d'Ivry. Il écrivait alors :

« Le coup de force a élargi le problème posé avant la manifestation de dimanche : la lutte contre la guerre.

« Votre tort, c'est de montrer le coup de force d'hier comme ayant le but de faciliter la préparation de la guerre contre l'U. R. S. S. Certes, cette question joue un rôle considérable. Vous avez eu raison de la signaler. *Mais ce qui joue, à l'heure actuelle, c'est l'existence légale ou illégale du Parti suivant qu'il réagisse ou ne réagisse pas.*

« Voilà, à mon sens, le point sur lequel nous devons concentrer les feux. Dans sa lutte pour conduire le Parti dans l'illégalité, le gouvernement a marqué un nouveau succès.

« Le principal point de résistance *doit être la question du droit du Parti à exister légalement ou non.* »

Puis, ayant fixé les mots d'ordre parmi lesquels la défense des « libertés ouvrières » qu'il mettait au premier plan, Doriot proposait, comme réalisation de front unique :

« D'inviter les travailleurs de toutes nuances *à former des comités d'action à la base* (confédérés, socialistes, sans-parti). *Former un Comité d'action central* autour de ces mots d'ordre. »

Le B. P. intérimaire repoussa cette proposition qui venait précisément au moment où le VI° Congrès Mondial indiquait que « la menace de guerre constituait l'axe de la situation mondiale » et fixait comme tâche centrale des Partis communistes la lutte contre la guerre impérialiste. Le Comité Central de novembre indiqua que la proposition de mettre au premier plan « la défense des libertés ouvrières » était foncièrement erronée en raison de ce que chaque acte de la bourgeoisie devait être considéré comme un pas en avant dans la voie de la préparation de la guerre, que les restrictions ou la suppression des « libertés ouvrières », au même titre que le renforcement des armements, la mobilisation industrielle, la politique de collaboration et de « paix sociale » du Parti socialiste et de la C. G. T. devaient être considérés comme autant d'actes et de faits pour la préparation de la guerre. Et le C. C. concluait que la défense de la légalité du Parti comme des « libertés ouvrières » (libertés démocratiques) devait s'effectuer en mettant précisément au premier plan la lutte contre la guerre impérialiste et ses préparatifs, en faisant de cette question le centre le toute son activité, ainsi que le demandait le VIe Congrès Mondial.

La résolution sur la gestion du Bureau Politique Intérimaire, adoptée par le C. C. de novembre dernier, précise ainsi les raisons pour lesquelles le B. P. repoussa la proposition de constitution des comités d'action :

« Un tel groupement, indépendamment de la base politique erronée sur laquelle on voulait le faire reposer et qui décèle dans nos rangs la résistance du danger opportuniste, aurait eu pour résultat d'annihiler en fait le rôle dirigeant du Parti, de masquer la passivité actuelle de beaucoup de ses membres et leur inactivité dans les organisations à côté. En effet, l'unité d'action de la classe ouvrière ne peut être réalisée utilement que quand le Parti a réussi à mobiliser toutes ses forces, tant par l'activité de tous ses membres que de ses cellules et fractions qui influencent et impulsent les organisations à côté, et quand le Parti apparaît aux masses comme leur seul et véritable guide. C'est une faute grave dans la situation présente, que de rechercher des alliés parmi les collaborateurs de la bourgeoisie et des gouvernants. »

Ainsi le B. P. intérimaire, malgré ses fautes dans la préparation des manifestations qui provenaient d'une sous-estimation de la répression, malgré son erreur de jugement sur la manifestation d'Ivry qu'il présenta de prime abord dans une lettre aux cellules comme « un succès politique du Parti », a su repousser une proposition dangereuse qui ne pouvait qu'aggraver la passivité constatée au sein du Parti et des organisations syndicales et masquer le rôle que le Parti doit exercer à l'avant-garde de la classe ouvrière dans la lutte contre la guerre.

Divergences dans l'appréciation des rapports de classes et des Partis

L'incompréhension des changements survenus dans la France d'après-guerre détermina dans le Comité Central une fausse appréciation des rapports de classe, de la force politique et du rôle des différents Partis, qui conduisit certains de ses membres à adopter une politique et une tactique complètement erronées à l'égard des Partis dits de « gauche » et du Parti socialiste.

En n'appréciant pas exactement le déclin du rôle économique et politique de la petite bourgeoisie, en méconnaissant la force acquise par la grande bourgeoisie par suite du développement formidable de l'industrie sous l'égide du capital financier, des camarades n'ont pas encore compris ce que représente l'Union Nationale et le rôle propre des différents Partis de droite, de gauche et social-démocrate dans la réalisation de la politique de cette Union Nationale.

C'est parce que certains croient encore que la petite-bourgeoisie, la paysannerie et les Partis de gauche et socialiste qui les représentent peuvent encore pratiquer comme avant-guerre une politique indépendante et opposer un programme à celui de la grande bourgeoisie, qu'ils distinguent encore entre la politique des « gauches » et des « droites », entre les « démocrates » et les « réactionnaires » et croient à la possibilité d'un gouvernement de « gauche » qui ferait une politique autre que celle de l'Union Nationale.

C'est parce que certains n'apprécient pas justement ou ne comprennent pas la profonde évolution du socialisme vers la collaboration des classes, la défense du régime capitaliste, la politique de « paix industrielle » et de défense nationale et l'intégration de fait du socialisme et du syndicalisme réformiste à l'Etat bourgeois, qu'ils continuent à préconiser et à appliquer une politique et une tactique vis-à-vis des Partis de gauche et du Parti socialiste, comme si rien ne s'était passé depuis 1924.

De là une première erreur, celle des accords circonstanciels réalisés avec les Partis et organisations petites-bourgeoisies.

S'appuyant sur la résolution de notre Congrès de Lille, qui indiquait que « dans des circonstances locales exceptionnelles, des actions occasionnelles pouvaient être décidées avec d'autres organisations, du moment qu'elles nous permettaient de toucher des masses qui nous échappent généralement », des organisations de base de notre Parti réalisèrent des accords permanents avec les Partis et organisations petites-bourgeoises (Parti radical-socialiste, républicain-socialiste, Ligue des Droits de l'Homme, Lego, etc...).

La Direction intervint alors pour faire cesser ces accords qui plaçaient notre Parti à la queue des organisations dites démocratiques, quand il ne disparaissait pas complètement dans ce « bloc de gauche ».

Même après la venue de Poincaré au pouvoir et la collaboration radicale-socialiste à l'Union Nationale qui nous commandait de cesser toute politique d'alliance avec les Partis de « gauche », il y eut plusieurs accords avec ces Partis, que certains baptisèrent « front unique élargi », pour en masquer le caractère. Et il se trouve encore à présent des organisations du Parti qui se prêtent à ce jeu de dupes dont le résultat est de jeter le trouble et la confusion dans les rangs ouvriers (manifestations de Brest et Nice en octobre 1928).

Une autre erreur fut celle de présenter le Congrès radical- socialiste de 1927 et l'élection de Daladier à la présidence du Parti comme un « coup de barre à gauche », et de pronostiquer la reconstitution d'un néo-cartel à l'occasion des élections de 1928. Les mêmes camarades du C. C. qui niaient ou sous-estimaient les changements profonds survenus dans la petite-bourgeoisie et dans la politique des Partis, qui négligeaient visiblement l'expérience du gouvernement du Bloc des Gauches et la collaboration des Partis de gauche à l'Union Nationale, combattirent l'application de la tactique classe contre classe et se prononcèrent pour le désistement au deuxième tour en faveur des radicaux qui « s'affirmeraient contre l'Union Nationale », se plaçant ainsi exactement sur la position de principe des socialistes qui recommandaient de voter pour les « bons radicaux », c'est-à-dire pour ceux qui se situaient à la gauche du Parti radical-socialiste en se réclamant de la tendance Daladier.

Cette attitude erronée se manifesta également vis-à-vis du Parti socialiste. Des camarades du C. C. et du B. P. persistaient à établir une distinction entre socialistes de droite et de gauche et proposaient que « l'axe de rupture de notre tactique classe contre classe » passe entre les socialistes de droite et ceux de gauche au lieu de le faire passer entre le Parti communiste, seul Parti du Prolétariat, et la totalité du Parti socialiste, collaborateur du capitalisme. C'est ainsi que Doriot et Bernard proposaient le retrait de notre candidat dans les cas où l'alliance des socialistes avec la bourgeoisie n'apparaîtrait pas clairement aux masses, même si le candidat socialiste n'acceptait pas nos propositions de front unique, afin — disaient-ils — que notre Parti « ne porte pas la responsabilité de l'élection d'un réactionnaire », et également le désistement en faveur du « socialiste de gauche » chaque fois que celui-ci arriverait en tête et resterait face à un réactionnaire.

Ainsi, la tactique classe contre classe était considérée par les premiers qui préconisaient l'emploi de la même tactique électorale qu'en 1924, comme une « affirmation doctrinale » (tout comme le socialiste de « gauche » Zyromski) dont l'application immédiate « devancerait les événements » et nous couperait des masses, et par les seconds comme une tactique inopportune qui ne serait pas comprise du plus grand nombre des ouvriers, lesquels se détacheraient de nous en nous accusant de faire le jeu de la réaction. Et tous se rejoignaient dans l'opposition à la tactique classe contre classe en soutenant l'inopportunité de son application intégrale, en misant sur les exceptions admises par le Parti et par l'I. C. pour en limiter les effets.

Cette déviation grave ne provenait pas d'un simple désaccord sur l'opportunité de l'application de la tactique classe contre classe, mais bien de divergences politiques sérieuses au nombre desquelles il faut signaler la mauvaise appréciation faite par certains du rôle et de la politique du Parti socialiste, sur la prétendue gauche qu'ils proposaient de distinguer de la droite, alors qu'elle est plus dangereuse puisqu'elle ma e par sa phraséologie révolutionnaire la politique anti-ouvrière e ettement impérialiste poursuivie par le Parti socialiste tout entier.

La divergence sur la politique et la tactique à poursuivre à l'égard des socialistes se manifesta également dans la proposition de création de comités d'action locaux avec les socialistes et réformistes pour la « défense des libertés ouvrières ». Nous avons déjà marqué plus haut l'erreur de cette proposition considérée comme moyen d'entraîner les masses à la lutte contre la guerre, mais elle révèle également une fausse conception de l'application du front unique à la base, qui doit être réalisé à l'usine, par la constitution de comités d'entreprises groupant tous les travailleurs et non par la création de comités locaux entre représentants des organisations syndicales et des Partis, parmi lesquels les militants réformistes et socialistes locaux qui trahissent les ouvriers aussi cyniquement que leurs leaders.

La déclaration de Doriot au Comité Central de novembre dernier pour préciser la proposition qu'il avait faite au lendemain d'Ivry, dans laquelle il indique qu'il demandait de constituer « un comité d'action comme celui qui fut créé au moment de l'occupation de la Ruhr et de la guerre du Maroc », en le composant initialement avec le P. C., les J. C., la C. G. T. U., le S. R. I., les Amis de l'U. R. S. S., l'A. R. A. C., et de constituer « des comités d'action à la base comprenant les mêmes organisations et s'adressant au moyen de propositions de front unique aux organisations socialistes et confédérées sur la base locale, et dans les usines aux ouvriers socialistes, confédérés, sans-parti, etc... », souligne encore une sérieuse divergence dans l'appréciation des événements qui se sont déroulés depuis 1925 et notamment une méconnaissance de la profonde évolution du Parti socialiste et de la C. G. T., qui a fait de ces deux organisations collaboratrices du capitalisme et de l'Etat, des instruments de lutte contre le prolétariat révolutionnaire (grèves du Nord, de la Loire et du Gard), contre le communisme et contre l'U. R. S. S.

Ces propositions de front unique par les comités de base aux organisations socialistes et confédérées et de « fusion » du Parti dans les comités locaux et dans un Comité Central, montrent également une grande sous-estimation du travail de front unique que le Parti doit faire à l'usine et une fausse conception du rôle d'entraîneur et de guide du prolétariat que notre Parti doit jouer, particulièrement dans la période actuelle de lutte contre la guerre impérialiste.

La politique syndicale du Parti

On retrouve encore l'incompréhension de la situation dans la façon erronée de poser les questions syndicales devant le Parti. Le projet de résolution soumis à la discussion avant la conférence de juin ne tenait pas compte des résolutions du 9e Exécutif qui recommandaient de soumettre notre travail syndical à une sévère autocritique pour procéder à un redressement indispensable, ni de l'importante résolution du IVe Congrès de l'I. S. R. qui fixait les tâches pratiques des syndicats. Cette résolution se livrait par contre à une dissertation abstraite sur les rapports entre le Parti et les syndicats, parlait sèchement de « neutralité formelle » des syndicats et fixait le travail syndical en se basant sur une prétendue rupture avec les masses attribuée à la tactique électorale.

Ce projet de résolution qui fut abandonné avant même la conférence, était une concession à l'idéologie anarcho-syndicaliste, encore assez fortement enracinée dans les organisations unitaires, en raison de ce que leur composition sociale reste défectueuse, que les ouvriers industriels n'y forment pas la majorité et que les ouvriers à bas salaires n'y prédominent pas suffisamment. Ce projet de résolution qui voulait combattre la position également fausse de la minorité de la Région parisienne, renforçait en réalité les positions des adversaires de notre politique syndicale dans le mouvement ouvrier.

Au cours des grèves de ces derniers mois, le danger de droite s'est fortement manifesté dans le mouvement syndical soulignant ainsi son importance dans le Parti. Le manque de travail syndical signalé antérieurement et dû à l'inactivité ou à l'insuffisance d'activité des communistes dans les syndicats et dans les fractions, et à la non-réalisation des tâches fixées par le IVe Congrès de l'I. S. R., s'est aggravé d'une incompréhension de l'importance des luttes ouvrières, d'un pessimisme dans la capacité de lutte des ouvriers et d'un défaitisme chez bon nombre de membres du Parti militants des syndicats qui entraînèrent l'impréparation des mouvements, leur mauvaise direction dans la lutte et l'esprit de panique en face des difficultés.

1° Dans la grève du textile du Nord la direction régionale du Parti et des syndicats sous-estima la force et le rôle actif de la social-démocratie dans la lutte contre les grèves, ne sut pas organiser une véritable direction de la grève, ce qui a nui à la conduite effective de celle-ci, qui détermina des actes graves d'indiscipline comme la violation des décisions prises en commun par un membre responsable du Comité de grève. Dans certains cas, en particulier à Tourcoing de la part de membres du Parti, dirigeant de syndicat, on a rencontré un pessimisme poussé à l'extrême.

2° Dans la grève des mineurs de la Loire, on constata chez des militants responsables une négation de la volonté et de la capacité de lutte des masses qui fit que pendant plusieurs mois les dirigeants des syndicats s'obstinèrent à ne pas voir l'agitation qui se manifestait dans les puits;

3° On a constaté aussi une sous-estimation du rôle véritable de la social-démocratie dans la grève des dockers de Bordeaux, qui entraîna certains dirigeants des syndicats unitaires à collaborer « loyalement » pendant toute une période avec les dirigeants confédérés, liés très étroitement avec les chefs socialistes locaux;

4° Dans la grève de la Loire, cette même sous-estimation conduisit les militants unitaires à traiter par le mépris, à ne pas savoir estimer le niveau d'influence des réformistes, à négliger tout travail de front unique préalable, puis à ne pas s'opposer comme il convenait à leurs manœuvres de désagrégation pendant la grève. Dans cette grève, on enregistra encore une sous-estimation de la répression du patronat et des gouvernants qui fit que nos camarades furent souvent désemparés devant les nouvelles méthodes employées par les gardes mobiles et ne répliquèrent pas comme il aurait fallu le faire par l'organisation des piquets de grève et des groupes d'auto-défense afin d'entraîner et de protéger les grévistes.

Notre rayon du Parti a montré une grande faiblesse dans la préparation et la conduite de la grève.

Ces grosses fautes lourdes de conséquences qui ont leur origine dans la survivance des tendances anarcho-syndicalistes dans les syndicats, dans une sous-estimation de la volonté de lutte des masses, c'est-à-dire de leur radicalisation, dans une sous-estimation du rôle des réformistes et socialistes et du travail de front unique, dans une sous-estimation du travail politique et syndical à faire parmi la masse des inorganisés et dans une sous-estimation persistante de la répression, constituent des déviations de droite caractérisées dont la correction doit être poursuivie avec vigueur. Cela sera possible grâce à un travail d'éclaircissement systématique, effectué publiquement devant les masses ouvrières et par la condamnation de tous ceux qui s'opposent ou freinent le redressement des fautes et la correction des déviations de droite.

Un rapport plus complet examinera la question des luttes ouvrières, des tâches du Parti et des syndicats, et la discussion se fera à un point spécial de l'ordre du jour de notre Congrès.

L'organisation de base du Parti

Un rapport spécial traitera plus à fond de cet important problème, mais nous devons cependant souligner que la fausse conception de la situation et des perspectives a conduit des camarades à proposer un « recul stratégique » en matière d'organisation de base de notre Parti. Sous le prétexte d'insuccès et de fautes commises dans la réorganisation sur la base des cellules d'entreprises et en raison aussi des pronostics de stabilisation durable qu'ils formulaient, ces camarades, sous les formes diverses, nous proposèrent de revenir aux anciennes sections territoriales, en ne gardant que les cellules d'usines « qui avaient une vie ». Si la condamnation des cellules d'usines ne fut pas catégoriquement prononcée, les critiques faites et la désaffection qui se manifesta à leur égard aboutirent au même résultat et le « recul stratégique » quand il fut proposé, était déjà en fait accompli. Cette déviation de droite caractérisée, due à l'incompréhension des nécessités qu'il y a à enraciner notre Parti dans les entreprises, qu'il s'agisse des luttes immédiates du prolétariat, de lutte contre les préparatifs de guerre, de la préparation des manifestations, des moyens de préserver notre Parti des coups de la répression et de lui permettre de jouer son rôle dans la légalité comme dans l'illégalité, s'est manifestée et se manifeste encore de la base au sommet et demande un vigoureux redressement en portant tous nos efforts vers les plus grandes entreprises où nous mordons à peine.

Mais toutes ces divergences, ces oppositions à la politique de redressement amorcée par la Lettre Ouverte de novembre 1927, font apparaître qu'à côté de la ligne juste appliquée par le Comité Central depuis plus d'une année, s'oppose une autre ligne de caractère nettement opportuniste contre laquelle une lutte vigoureuse doit être menée. Ainsi que le VI⁰ Congrès l'a indiqué pour tous les Partis, c'est contre le danger de droite que les feux doivent être dirigés. Dans notre Parti, ce danger se précise de plus en plus dans le développement des luttes ouvrières et notre première tâche est de faire au cours de la discussion un gros effort de clarification pour en découvrir toutes les racines et en déterminer l'importance exacte, de façon à mieux l'extirper de nos rangs.

Les fautes " gauchistes " dans la Région parisienne

Les fautes « gauchistes » se sont produites dans la région parisienne sous forme de sous-estimation de la tactique du front unique, d'incompréhension et de mécanisation du travail syndical. Ces fautes répétées chez certains militants de la Direction de la R. P. indiquaient une déviation « gauchiste » marquée qu'on ne trouve pas chez les communistes de base qui commettent des fautes « gauchistes » par inexpérience et méconnaissance de la politique du Parti. Les fautes « gauchistes » des ouvriers de la Région parisienne étaient souvent une réaction saine contre les fautes opportunistes de la Direction et n'avaient rien de commun avec le confusionnisme politique des éléments de la minorité du Bureau Régional de la R. P. Ceux-ci dissimulaient sous des phrases très « gauches » et dans des projets de thèses non moins « gauches » leur insuffisance dans le travail pratique tant au point de vue de l'organisation du Parti que du travail syndical.

D'ailleurs, aujourd'hui, parmi ces mêmes « gauchistes », il en est qui commettent des erreurs opportunistes en demandant par exemple de reprendre les propositions de désarmement faites par Litvinof et de populariser le mot d'ordre du désarmement et encore en proposant la réalisation d'un front unique « élargi » entre une Amicale de réservistes et les Jeunesses républicaines (13⁰ arrondissement).

Le travail de Direction du Comité central

Enfin, le Comité Central, bien qu'il ait mieux fonctionné qu'avant Lille et que son travail ait été meilleur, n'a pas encore joué son rôle d'organisme dirigeant du Parti. Dans la majorité des cas, il fut appelé à sanctionner la politique déjà déterminée par le B. P., son rôle devenait de ce fait purement consultatif. Les divergences politiques et tactiques restèrent le plus souvent intérieures au B. P., le Comité Central ne les connut qu'en partie, trop tardivement pour intervenir efficacement et cela ne permit pas de corriger plus rapidement les déviations de droite commises.

Du fait que le C .C. était composé d'un certain nombre de militants dirigeants de régions, le B. P. surestima l'efficacité de cette liaison et les rapports entre les organismes de base (rayons, régions) et la direction du Parti furent défectueux. Cela empêcha de faire participer au travail quotidien du Parti tous les éléments actifs, en accord avec la ligne de l'I. C.

Des mesures doivent être prises pour que le C. C. qui sera désigné par le prochain Congrès puisse jouer son rôle de dirigeant du Parti et exercer un contrôle politique permanent sur son Bureau Politique. Pour cela, il doit être une sélection des meilleures forces du Parti, un choix des militants qui ont fait leur preuve dans les organisations révolutionnaires et dans la direction des luttes de la classe ouvrière.

Les rapports du Parti avec l'I. C.

Notre Direction entretint des rapports politiques suivis avec l'I. C. et ceux-ci furent toujours empreints de la volonté de poursuivre la lutte révolutionnaire en accord avec les décisions et résolutions de l'Internationale.

Les déviations de droite commises entraînèrent cependant de sérieuses discussions entre la Direction du Parti et l'Internationale. Les plus récentes sont résumées dans une brochure intitulée « Classe contre Classe » qui reproduit l'essentiel des exposés faits sur les questions françaises devant le 9e Exécutif et la Commission latine du VIe Congrès mondial.

Nous donnons également aux annexes la lettre du 2 avril 1927 du Présidium de l'I. C. au Comité Central du P. C. F. qui venait en conclusion d'une discussion entre la Direction du Parti et l'I. C. sur les problèmes politiques en France et la question de nos liaisons et rapports avec l'I. C.

Notre Section a depuis démontré son accord sans réserve avec les résolutions et décisions du VIe Congrès mondial de l'I. C. et pour leur application intégrale; la Direction, B. P. et C. C., luttera avec tout le Parti contre les éléments de droite et confusionnistes qui tenteraient de les réviser ou de faire obstacle à leur application.

Voilà succinctement rappelés les événements les plus importants et la politique suivie par la Direction et par notre Parti depuis Lille. Nous avons souligné les faiblesses et les fautes commises, les divergences principales qui se sont fait jour, pour que tous les membres du Parti puissent les examiner, apporter leurs critiques et faire leurs propositions.

Dans la troisième partie de ce rapport, nous examinerons la situation actuelle en France en liaison avec la situation internationale, les perspectives, la politique, la tactique et les tâches de notre Parti.

SITUATION INTERNATIONALE
ET LE DANGER DE DROITE DANS L'I.C.

Cette partie sera moins la relation détaillée des derniers événements marquants de la politique internationale qu'une nouvelle étude, à la faveur de ces événements, des directives essentielles du VI° Congrès de l'I. C.

Il comprend trois points :

1° La « troisième période » et le monde capitaliste.

2° La situation intérieure des sections de l'Internationale Communiste dans les pays capitalistes.

3° Les problèmes du P. C. de l'U. R. S. S.

I. La troisième période
et le monde capitaliste

Les thèses du VI° Congrès de l'I. C. constatent que, depuis la guerre 1914-18, le mouvement international a traversé trois phases historiques de développement, en relation avec les différentes phases de la crise générale du système capitaliste.

La première période fut l'époque de la crise aiguë du capitalisme. Elle connut les batailles révolutionnaires du prolétariat pour la prise du Pouvoir dans de nombreux pays. Lorsqu'elle s'acheva, avec la défaite du prolétariat allemand en 1923, elle laissait une plaie béante au flanc du Capitalisme : l'existence de la dictature prolétarienne dans l'Union Soviétique. Elle apportait au prolétariat internationale son arme par excellence : le Parti Communiste Mondial, l'Internationale Communiste.

La deuxième période vit se développer l'offensive de la bourgeoisie contre les masses laborieuses. La classe ouvrière, affaiblie par de graves défaites, ne livrait plus que des combats défensifs. Ce fut la période du « relèvement » de l'économie capitaliste, de la stabilisation partielle du système capitaliste. Dans le même temps se relevait également l'économie capitaliste. Le prolétariat de l'U. R. S. S. obtenait de grands succès dans son œuvre d'édification socialiste. Dans les pays capitalistes, loin de s'affaiblir, l'influence des Partis communistes ne fit que s'accroître.

Dans la troisième période, on constate que l'économie capitaliste dépasse le niveau d'avant-guerre. Mais il n'y a pas seulement le progrès rapide de la technique capitaliste, de la trustification et d'une façon générale une certaine consolidation des forces du capitalisme. Il y a aussi un « puissant développement des contradictions » du système capitaliste. Avant tout s'est aggravée la contradiction entre la croissance des forces productives et la réduction des marchés. C'est-à-dire que devient inévitable « une nouvelle phase de guerres impérialistes » pour un nouveau partage du monde. Les Etats capitalistes se feront la guerre entre eux. Ils feront la guerre contre l'U. R. S. S. dont l'économie est aussi en pleine croissance, mais sur la base d'un élargissement des formes socialistes.

Dans la troisième période, on constate aussi, sous la pression du capitalisme, une extension de la lutte nationale révolutionnaire aux colonies et on assiste à un renforcement considérable de la lutte de classes à l'intérieur des pays capitalistes.

C'est sur trois des problèmes essentiels posés devant nos Partis par les conditions du développement et de l'approfondissement de la crise générale du capitalisme, dans cette troisième période, que l'on voudrait particulièrement insister. Il s'agit de l'imminence du danger de guerre, des aspects nouveaux de la lutte des classes et de l'appréciation de la social-démocratie, en rapport avec les deux premières questions.

L'imminence du danger de guerre

L'axe de la situation mondiale, c'est la menace imminente de la guerre. La raison en est donnée par le « *puissant développement des contradictions se mouvant dans les formes déterminées par tout le cours antérieur de la crise du Capitalisme* ». Que signifie cela? Cela signifie que dans le cadre politique, dans la subdivision de l'Europe en nombreux Etats hérissés de barrières douanières, dans la délimitation du globe entre les puissants impérialismes, résultant de la guerre impérialiste de 1914, il a pu s'opérer jusqu'à un certain point un relèvement de la technique et de la production capitalistes, que les formes de la concurrence entre les Etats impérialistes avaient été jusqu'ici relativement pacifiques: lutte de tarifs, protection douanière, délimitation *amiable* de zones d'influence, création de Cartels internationaux, etc. Désormais, la tendance à la croissance des forces productives se heurte, notamment pour des pays comme les Etats-Unis et l'Allemagne, à des entraves pour la destruction desquelles l'impérialisme n'a et ne peut avoir d'autre recours que la guerre.

Le passage à une forme plus *aiguë* des rivalités entre les impérialistes est une des caractéristiques de la troisième période. Il existe actuellement à travers le monde une telle tension des rapports entre Etats capitalistes, un tel développement des antagonismes entre nations, que pour les impérialistes le problème de la guerre n'est plus que le problème de son déclenchement dans les meilleures conditions de temps et de puissance.

Nous sommes, compte tenu des différences d'époque, des dispositions modifiées entre les groupes capitalistes antagonistes, et des nouveaux rapports de forces entre le prolétariat révolutionnaire et l'impérialisme, dans une situation qui rappelle les années de 1914. Le moindre conflit, la moindre étincelle peut faire éclater la guerre. C'est là l'explication profonde de notre formule : « *l'imminence de la guerre* ».

La lutte entre les États capitalistes

Au sein du monde capitaliste, l'antagonisme principal est entre les Etats-Unis et l'Angleterre. On peut dire que tous les autres conflits entre impérialistes sont, dans une grande mesure, affectés, modifiés ou aggravés par la rivalité entre les géants américain et britannique, qu'il s'agisse des rivalités entre l'Italie et la France à propos des Balkans et de l'Afrique du Nord, qu'il s'agisse des heurts entre l'Allemagne et la France à propos des réparations et des territoires occupés, qu'il s'agisse du conflit entre l'Italie et 'la Yougoslavie, de la tension entre l'Allemagne et la Pologne. Des regroupements de puissances s'opèrent sur la base d'un entraînement derrière l'un des deux principaux champions du capitalisme.

Il n'est pas nécessaire de revenir sur les causes fondamentales de la lutte à mort entre les Etats-Unis en plein épanouissement capitaliste et la vieille Angleterre, encore forte, mais cependant entrée dans une phase décadente.

Tous les événements des derniers mois confirment que la ligne de rupture essentielle au sein du monde capitaliste est entre ces deux impérialismes. Nous sommes dans la dernière étape vers la guerre, la lutte pour les positions en vue de la guerre poursuivie entre l'Angleterre et l'Amérique. Voyons les principaux événements :

1° *Réparations*. — La question des réparations est à l'ordre du jour avec la réunion du Comité des Experts. Il semble que l'importance du problème des réparations réside moins dans son aspect purement économique que dans son côté plus politique, comme instrument de négociations entre les impérialistes, comme moyen de pression des uns sur les autres en vue de faciliter ou de contrecarrer les groupements de puissances.

Peut-on croire que les gouvernements capitalistes envisagent sérieusement un règlement de la situation issue de la guerre de 1914-1918 s'étendant sur 62 années! Mais la prétendue paix date de 10 ans et déjà toutes les décisions « irrévocables » du traité de Versailles sont contestées et même abandonnées. En vérité, on assiste présentement à la tentative de l'Angleterre et de la France de lier à elles l'Allemagne d'une part contre l'Amérique, présentée comme le seul bénéficiaire des charges imposées à l'Allemagne, d'autre part — et nous y reviendrons plus loin — contre l'U.R.S.S.

2° *Compromis naval anglo-français*. — Déjà, au dernier Comité Central, nous avions mis en garde contre une interprétation étroite du compromis naval vu sous l'angle technique et comme un arrangement possible du problème des Armements. Nous estimons que le compromis naval est l'indication et conséquence de l'alliance militaire formelle entre l'Angleterre et la France impérialistes. Nous avions alors cité la révélation du journal soviétique *L'Etoile Rouge* sur les clauses secrètes de l'accord naval. Voici une autre citation prise dans un grand journal bourgeois d'un pays « neutre », l'*A B C* espagnol.

« Nous croyons que l'historien considérera cet accord naval comme l'acte diplomatique le plus important depuis le Traité de Versailles. En effet, il signifie pour l'Angleterre une sorte de renversement des alliances et l'abandon de sa politique séculaire qui consistait à regarder comme sa principale rivale la puissance la plus forte du continent. Devant le péril américain, cette puissance, qui est aujourd'hui la France, n'est pas un rival, mais son soldat sur le continent. »

On ne saurait mieux dire, sauf à ajouter au péril américain la crainte de la Révolution russe triomphante.

3° *La tension franco-italienne*. — Le procès Di Modugno, et surtout les déclarations de Poincaré sur les ambitions italiennes en Syrie, ont déchaîné des deux côtés de la frontière des Alpes des campagnes chauvines, symptôme irrécusable de la tension entre la France et l'Italie. D'une part, les impérialistes italiens ont dénoncé la préparation active de la guerre par l'impérialisme français : 1° Construction de chemins de fer stratégiques dans les Alpes et dans l'Afrique du Nord; 2° Travaux militaires dans les ports tunisiens; 3° Installation de nouvelles batteries et de champs d'aviation en Corse; 4° Manœuvres du Sud-Est; 5° Enfin, l'accord naval franco-anglais. D'autre part, les « républicains » français fanfaronnaient sur la défense de la République contre le fascisme et, avec l'aide des socialistes, excitaient le chauvinisme sous prétexte d'antifascisme. Nous croyons que le fascisme aggrave le danger de guerre, mais c'est sur le terrain de l'internationalisme prolétarien que nous plaçons notre lutte contre le fascisme.

4° *La Conférence de Lugano*. — Sans insister longuement sur les résultats de la Conférence de Lugano, on doit marquer combien elle vérifie la pression que la France et l'Angleterre exercent sur l'Allemagne pour l'entraîner à leurs côtés.

La volonté de ne rien céder des avantages qu'ils ont contre l'Allemagne sans en obtenir d'autres apparaît nettement à travers les manœuvres des deux alliés qui usent tour à tour de la « conciliation » ou de l'intransigeance.

5° *Pologne, Lithuanie, Minorités nationales*. — L'insoluble conflit polono-lithuanien est assurément un des aspects de la lutte sourde que se livrent les impérialistes. De même les questions de minorités nationales et de l'Anschluss.

6° *Bolivie, Paraguay*. — Enfin le conflit entre la Bolivie et le Paraguay est une sincère indication sur l'étape présente de la lutte entre les impérialistes. Il est hors de doute que, derrière ces deux pays, se retrouvent les Etats-Unis et l'Angleterre, le premier cherchant et parvenant peu à peu à supplanter le deuxième en Amérique latine.

Or, on doit se souvenir comment la guerre impérialiste de 1914 fut précédée d'une série de petits conflits partiels, guerres balkaniques, guerre italo-turque. On doit se souvenir de l'accumulation des frictions toujours plus aiguës entre les grands impérialistes dans les années qui précédèrent la guerre pour convenir, encore une fois, en tenant compte du changement de situation, que nous sommes bien dans ce moment pesant où l'atmosphère chargé d'électricité annonce l'orage, où la foudre du massacre impérialiste est sur le point de s'abattre à nouveau sur le monde terrifié.

La guerre contre l'U. R. S. S.

Au sein du système capitaliste, l'antagonisme principal est entre l'Angleterre et l'Amérique. Cela ne diminue pas l'hostilité fondamentale du monde capitaliste contre l'U. R. S. S. Au contraire, dans la mesure où croît le danger de guerre entre impérialistes, s'augmente la menace de guerre contre l'Union Soviétique.

Rien n'est plus dangereux que la conception simpliste de camarades qui disent : « Si les impérialistes préparent la guerre entre eux, ils ne pourront penser à s'attaquer à l'U. R. S. S. L'accroissement des rivalités entre impérialistes relègue au second plan les possibilités d'une agression antisoviétique. » Les puissances impérialistes peuvent ne pas avoir le même intérêt *immédiat* dans l'écrasement de l'U. R. S. S., par exemple les Etats-Unis, mais toutes veulent et tenteront l'anéantissement de la Révolution prolétarienne. Mais, pour l'Angleterre, une guerre victorieuse contre l'U. R. S. S. apparaît comme la condition absolue de sa lutte ultérieure contre le géant américain. Le plus élémentaire bon sens permet de comprendre la nécessité pour l'Angleterre impérialiste, qui se trouve en contact direct avec la Révolution russe, *de s'assurer les derrières*, si on peut dire.

Car, à moins d'être un social-démocrate et de méconnaître la nature de classe de l'Etat prolétarien, on ne peut s'imaginer une « neutralité » du prolétariat de l'U. R. S. S. dans le moment où s'exacerbe avec la guerre impérialiste la lutte de classes dans les pays capitalistes, où s'accumulent les facteurs de révolution, où s'impose, selon le mot d'ordre de Lénine, « la transformation de la guerre impérialiste en guerre civile ».

Ici aussi de nombreux faits vérifient les appréciations du VIe Congrès :

1° *Accord naval franco-anglais.* — Déjà signalé plus haut. Il est sûr que l'alliance militaire anglo-française est dirigée à la fois contre l'U. R. S. S. et les Etats-Unis. Il est non moins sûr que son objectif le plus immédiat c'est l'attaque contre l'U. R. S. S., comme le montrent les diverses autres manifestations qui en découlent.

2° *Plan d'agression polono-roumain.* — Nous avons donné en son temps des extraits d'un journal roumain, *L'Universel*, exposant le plan d'attaque contre l'U. R. S. S. D'abord la Pologne et la Roumanie et les autres Etats de la Petite-Entente, que la France s'efforce d'entraîner avec elle, attaquent l'U. R. S. S. et disposent immédiatement de l'aide en matériel et en cadres des grandes puissances. Puis les impérialistes d'Occident entrent en ligne pour la défense de la « civilisation menacée par la Barbarie moscovite », etc., etc. De cette manière, on trompe mieux les masses laborieuses sur la préparation et sur les buts de la guerre contre l'U. R. S. S. et on rend plus difficile la résistance prolétarienne au moment décisif.

3° *Renforcement des missions militaires dans les Etats de l'Europe Centrale.* — En même temps que les impérialistes manœuvrent notamment vis-à-vis de la Hongrie, pour l'entraîner dans le front anti-soviétique, le gouvernement français renforce ses missions dans les Etats limitrophes ou proches de l'U. R. S. S.

Les armées polonaises, tchécoslovaques, roumaines yougoslaves, bulgare sont instruites et commandées par des officiers français.

L'armée polonaise est placée sous la direction effective du général Maurin. L'armée tchécoslovaque et roumaine sous la direction effective du maréchal Franchet d'Esperey.

Des officiers d'état-major, colonels et commandants, collaborent dans les états-majors de chacune de ces armées, sont chargés de l'enseignement militaire dans les écoles de guerre.

4° *Aide ouverte aux groupes contre-révolutionnaires russes et ukraniens.* — Les provocations inouïes des gardes blancs sont appuyées par les impérialistes. C'est la Pologne qui soutient les « combattants » pétlouriens qui prétendent libérer l'Ukraine. En Ukraine, comme en Géorgie, avec l'aide des socialistes, les groupes contre-révolutionnaires essayent de susciter des troubles, qu'ils annonceraient dans les pays capitalistes, comme la révolte des « minorités opprimées » contre la Dictature de Moscou. L'intervention des impérialistes serait ainsi facilitée et se ferait, avec la décision de la S. D. N., au nom « du droit des peuples à disposer d'eux-mêmes ».

5° *Orientation occidentale de l'Allemagne.* — Le progrès de l'orientation occidentale de l'Allemagne est manifeste. Les manœuvres d'apparence contradictoire montrent seulement la volonté du néo-impérialisme allemand d'obtenir le maximum de la France et de l'Angleterre comme prix de son alliance contre l'U. R. S. S.

Un fait important, c'est en dépit des déclarations gouvernementales, et contrairement au traité de Rapallo, l'accord entre les gros porteurs de fonds russes, allemands, anglais et français.

6° *Manœuvres de l'impérialisme anglais en Afghanistan.* — Il est évident pour tous, y compris pour les bourgeois cependant très réservés du *Temps*, que la « révolte » de certaines tribus afghanes contre le roi « réformateur » Amanoulah est le résultat des intrigues anglaises qui tentent de reprendre leur ancienne influence sur ce pays en voie de progrès et ami de l'U. R. S. S. On doit rapprocher de cela le voyage aux Indes de Gouraud, gouverneur militaire de Paris, et on comprendra l'ampleur et la complexité du plan franco-britannique d'agression anti-soviétique.

7° *Campagnes contre les propositions soviétiques de désarmement.* — Nous n'insistons pas. Chacun voit que les campagnes formidables déclanchées contre l'Union Soviétiste, surtout à propos de ses propositions de désarmement, sont l'indication de la froide volonté de guerre des impérialistes.

Il arrive que des ouvriers et des membres du Parti se laissent prendre aux apparences d'atténuation du danger qui menace l'U. R. S. S. que constituent certains accords diplomatiques conclus par le gouvernement des Soviets ou certaines manifestations de groupes capitalistes. On doit bien comprendre que la politique des Soviets est une politique de paix que seul l'Etat prolétarien peut pratiquer et qu'il ne laisse et ne laissera échapper aucune occasion de montrer son désir de paix, mais que rien, pas même des divergences d'intérêts momentanées entre les groupes capitalistes au sein d'un Etat impérialiste ne diminue l'hostilité du monde capitaliste contre l'U. R. S. S. et n'affaiblit la menace imminente de guerre impérialiste contre la révolution prolétarienne.

La préparation matérielle et idéologique de la guerre

La politique d'armement fébrile des nations impérialistes saute aux yeux des moins avertis, il n'est pas besoin d'insister. Les membres du C. C. connaissent les chiffres et la répartition du budget de la guerre de l'Etat français pour 1929. Dans les différents pays capitalistes une même progression des dépenses de guerre est à enregistrer. C'est une nouvelle course aux armements dont l'issue fatale sera la guerre. Hier encore, en même temps qu'il ratifiait le pacte Kellog, le Sénat américain décidait la mise en chantier de 15 nouveaux croiseurs.

Le plus important dans la préparation matérielle de la guerre, c'est la place que prennent l'aviation et la chimie, et sur mer l'extension de l'arme sous-marine.

Il est intéressant de noter que les socialistes apportent dans le domaine de la préparation matérielle de la guerre leur aide la plus complète (Renaudel et le budget de l'Air, — Paul Boncour, Président du Conseil Supérieur de la Défense Nationale et la mobilisation industrielle).

La prochaine guerre sera une guerre terrible par l'emploi qu'on y fera des gaz. Tous les Etats impérialistes, y compris la France, ont des services particuliers de chimie qui travaillent activement. Les Etats-Unis ont un « Chemical Warfare Service »; l'Italie a institué une section chimique dans sa « Commissione Suprema di Defensa »; l'Angleterre consacre à ce genre d'études un budget annuel de 500.000 livres sterling (plus de 60 millions de francs).

Il faut souligner l'immense besogne de propagande, la formidable campagne de préparation idéologique que poursuivent la presse, la radio et surtout le cinéma. La projection des films chauvins est de plus en plus considérable.

Enfin, n'oublions pas que simultanément à cette préparation matérielle et idéologique de la guerre, les Etats impérialistes développent leurs méthodes de répression à l'égard du mouvement ouvrier révolutionnaire. Par exemple : en France, le dépôt des lois sur « l'espionnage industriel » et sur les menées « séparatistes » est l'indice certain de la préparation à la guerre impérialiste. Ces lois « superscélérates » visent à empêcher toute résistance prolétarienne pour la défense de l'U. R. S. S., pour le soutien des peuples coloniaux opprimés par l'impérialisme.

Mouvements révolutionnaires aux colonies

Comme il ne saurait être question de traiter abondamment de tous les problèmes, signalons seulement dans cette partie du rapport le développement du mouvement national révolutionnaire aux colonies et semi-colonies.

En Chine, la consolidation du pouvoir des généraux, de la bourgeoisie nationale, des féodaux, réalisée grâce à l'accord de ces éléments avec les impérialistes, n'a pas fait disparaître le mouvement révolutionnaire des ouvriers et des paysans sous la dirction du Parti communiste.

Aux Indes, une lutte violente se déroule présentement et le gouvernement britannique décrète la loi martiale.

Nous avons déjà vu plus haut la signification de la guerre civile en Afghanistan.

Du point de vue plus direct des tâches du P. C. F., il faut souligner les nouvelles mesures prises par notre impérialisme en Syrie (ajournement de l'Assemblée Nationale); la révolte des nègres dans l'Afrique Equatoriale française; les préparatifs de nouvelle offensive au Maroc et la résistance des tribus (affaire de Colomb-Béchar); les grèves d'ouvriers en Algérie et en Tunisie.

Tous ces faits confirment absolument l'appréciation du VIᵉ Congrès sur « l'acuité profonde de la lutte entre l'impérialisme et le monde colonial ».

II. L'aggravation de la lutte des classes

Le VIᵉ Congrès ne s'est pas trompé sur *l'imminence* de la guerre impérialiste. Il ne s'est pas trompé davantage sur l'aggravation de la lutte des classes à l'intérieur des pays capitalistes.

Il y a eu ces derniers mois, dans différents pays, des grèves et des lock-outs qui ont mis en mouvement des centaines de milliers de prolétaires. En Allemagne, avec le lock-out de la Ruhr et de nombreuses grèves; en Pologne, avec la grève du textile de Lodz; en Tchécoslovaquie, en France, des milliers et des milliers de travailleurs ont lutté et luttent pour l'amélioration de leurs conditions d'existence.

Il ne peut être question, dans ce rapport, de donner dans le détail un compte rendu de ces différents mouvements. Ce que nous devons faire, c'est retenir les conclusions de caractère général qui se dégagent de l'ensemble de la lutte prolétarienne, en relation avec l'aggravation des contradictions à l'échelle internationale.

1° D'abord, sur le caractère différent des mouvements actuels de la classe ouvrière par rapport à la période précédente. Le prolétariat ne s'en tient plus à la résistance contre les attaques patronales. Il passe fréquemment de la défensive à l'offensive. Les ouvriers allemands ne se contentent pas de repousser les conditions patronales et de résister aux lock-outs, ils exigent des augmentations de salaires. En France, les 4/5 des grèves se font sur le mot d'ordre général : augmentation des salaires, amélioration des conditions de travail. De telles luttes sont inc..establement les premiers symptômes d'un nouvel élan du mc.vement révolutionnaire du prolétariat.

2° En relation avec leur « radicalisation », on constate une plus grande combativité des larges masses prolétariennes. Cette combativité se manifeste le plus chez les « *inorganisés* », les jeunes, les femmes, et, en France, chez les ouvriers immigrés et coloniaux. Il est donc urgent de résoudre le « problème de l'organisation des inorganisés ».

3° Dans tous les pays, on constate une intervention plus rapide et plus brutale de l'État aux côtés du patronat et contre les ouvriers en grève ou lock-outés.

4° En France, en Pologne, en Allemagne, partout le passage ouvert de la social-démocratie et de la bureaucratie syndicale dans le camp de la bourgeoisie est manifeste.

5° Le développement d'une idéologie « fasciste » jusque dans les rangs des organisations réformistes et l'organisation de groupes de combats fascistes, de tentatives de créer ou d'élargir des syndicats fascistes.

Nous ne tirerons pas d'autres conclusions, et même quand nous reviendrons sur les faiblesses de notre politique au cours des grèves, nous ne nous étendrons pas longuement. Il y aura à ce Comité Central, en plus des rapports sur les problèmes de la politique internationale et de la politique en France, un rapport spécial sur les grèves en France.

Le rôle de l'État

Ce qu'il apparaît utile d'établir plus complètement, ici, c'est le rôle de l'État. Il y a eu, à ce sujet, à la Chambre, un discours de Loucheur très indicatif. Ce représentant autorisé du capitalisme a montré par son discours que nous avons raison de signaler comme tendance essentielle au capitalisme d'État, non la propriété directe par l'État d'entreprises économiques (ce qui en est le moindre aspect), mais surtout l'intervention plus systématique de l'État comme « gérant de l'économie nationale » en vue d'une soumission plus absolue de toute la politique générale aux exigences de l'industrie lourde. Comment pratiquement se manifeste cette tendance au Capitalisme d'État? Par l'État, client principal d'entreprises déterminées, surtout les entreprises sidérurgiques; par la participation financière, sous forme de subventions ou de prêts, à des entreprises de « caractère national »; par le gros effort direct de l'État pour « l'amélioration de l'outillage national ». Et comme conséquence de ces tendances, par une interpénétration de l'appareil d'État et des grands organismes patronaux (Conseil Supérieur des chemins de fer où siègent les représentants du Comité des Forges, du Comité des Houillères, etc.).

De même Loucheur a montré l'importance du C. N. E. comme moyen d'intégration de la bureaucratie d'Amsterdam à l'État bourgeois, comme couronnement de toute une méthode de corruption politique de certaines couches ouvrières déjà détachées économiquement des couches décisives du prolétariat. Cette méthode n'exclut pas la répression contre le mouvement révolutionnaire. Bien au contraire, elle la complète. C. N. E. et répression sont les deux aspects d'une même politique, la politique impérialiste.

C'est aussi une des caractéristiques de la 3e période que cette évolution « réactionnaire » de tout le système étatique de la Bourgeoisie sous la pression de la lutte des classes, et en vue de satisfaire aux exigences impérieuses du capitalisme. La « démocratie parlementaire » fait place, sinon dans les apparences, au moins dans les faits, à la concentration de tous les moyens entre les mains d'une oligarchie très réduite. La politique de la bourgeoisie devient plus brutale, plus violente.

Dans de nombreux pays, on constate en même temps qu'une résistance accrue à l'oppression, un renforcement de la terreur blanche (en Italie, en Espagne, dans les Balkans). De nouvelles dictatures militaires sont instituées (en Yougoslavie). En Roumanie, le dernier gouvernement « démocratique » encensé par les socialistes décrète l'état de siège. En Tchécoslovaquie le pouvoir d'état bourgeois prend progressivement des mesures de restriction vis-à-vis du mouvement prolétarien, suspend ou supprime les journaux communistes, s'oriente visiblement vers un régime de dictature avouée.

En France, on vote de nouvelles lois répressives; on réprime violemment les mouvements de grève; on arrête, on condamne. La répression avec les formes les plus sournoises et les plus habiles est infiniment plus rigoureuse.

La social-démocratie

Sans renouveler tout ce qui a déjà été dit à propos de la social-démocratie, on doit seulement éclairer, à la lumière des nouveaux faits, notre thèse sur la transformation des bases économiques, de la composition sociale et de la politique des partis socialistes.

C'est nécessaire parce que sur ce point se font jour des déviations sérieuses de la ligne du VI° Congrès. Par exemple une lettre d'un rayon de la R. P. montre que l'on ne comprend pas suffisamment les motifs et les conséquences d'une *croissance parallèle* de l'influence du Parti Communiste et de celle du Parti socialiste. Dans la conférence régionale du Nord, on a apporté sur ce point d'utiles précisions qui doivent être retenues, particulièrement parce qu'elles sont produites dans une région où la S. D. possède encore une grande influence sur de larges couches de la classe ouvrière. On a montré que la section de Lille du P. S. n'a rien de commun avec la vieille section de l'ancien P. O. F., alors que les ouvriers composaient la quasi-unanimité des effectifs de la section et que les électeurs du Parti Ouvrier étaient presque exclusivement des ouvriers. Actuellement, il y a encore des ouvriers à la section de Lille, mais leur nombre a diminué d'une façon absolue et relative, tandis qu'augmentait le nombre des éléments petits-bourgeois, fonctionnaires de l'État, de la municipalité, commerçants, professions libérales, etc. Il n'y a *aucun ouvrier* dans le cadre dirigeant de la section de Lille.

C'est cette composition sociale qui explique la politique socialiste et qui détermine l'intégration de la Social-démocratie dans l'État bourgeois. L'organisation socialiste, dans son ensemble, devient un rouage du système de domination capitaliste. Ses leaders, et aussi ses cadres moyens et de base sont les administrateurs de l'État bourgeois. Bracke, l'ex-guesdiste, a déclaré à la Chambre, à propos du vote sur un ordre du jour, que : « Tous les travailleurs ont intérêt à savoir quelle sera la catégorie de la population qui aura la prédominance, la prépondérance dans l'Administration de l'État, que la classe des travailleurs est appelée à faire sienne un jour pour sa libération complète. »

Peut-on mieux reconnaître que pour la social-démocratie il ne peut être question de combattre l'Etat (et encore moins de détruire cet Etat), représentant de la Bourgeoisie au Pouvoir, mais simplement de favoriser son rôle d'oppresseur des masses laborieuses sous prétexte de « l'améliorer » dans le sens des intérêts de la « démocratie ».

On connaît aussi la position des socialistes à propos du C. N. E., cette large expression de la politique de la « Paix sociale ».

Un rapporteur socialiste devant le C. N. E. a trouvé comme formule de libération du prolétariat « l'attention des pouvoirs publics à l'égard de l'épargne des travailleurs salariés ». L'attitude socialiste sur la conciliation obligatoire est un pas hypocrite vers l'arbitrage obligatoire. Déjà, en Allemagne, le social-démocrate Severing a pu imposer, comme le disait l'organe du Comité des Forges, une décision arbitrale qui donne quelques satisfactions de forme aux ouvriers mais protège sur le fond les intérêts des industriels de la Ruhr.

Rien de nouveau non plus avec le rapport de Renaudel sur le Budget de l'Air. C'est la même besogne impérialiste qu'accomplissent les social-démocrates allemands en décidant la construction du croiseur A.

Une manifestation plus importante, c'est l'intervention ouverte des socialistes dans les conflits économiques comme briseurs de grèves. Le fait en lui-même ne serait pas nouveau. Ce qui est nouveau, c'est son application élargie sur la base d'une politique systématique. Il y a pour la France les exemples précis de la Loire, du Gard et du Nord. Aucun journal n'a contenu une attaque plus perfide contre les vaillants lutteurs d'Halluin que le *Populaire*, qui a dû jeter un peu de lest ensuite, sans aucun doute, à la demande expresse des socialistes du Nord, aussi canailles mais plus hypocrites, parce que plus menacés.

Une tendance générale de participation directe au Gouvernement bourgeois se manifeste dans toute la Social-Démocratie Internationale. Les partis socialistes, au nom de leurs électeurs petits-bourgeois ou ouvriers privilégiés prennent, ou s'affirment prêts, à prendre leur part de « responsabilité » dans la gestion de l'Etat bourgeois. Dans cette direction, le Parti socialiste en France a fait un grand pas. L'entrée des socialistes dans les ministères se fait dans de toutes autres conditions que précédemment. L'activité des gouvernements et des ministres socialistes, est et sera infiniment plus perfide, surtout dans le domaine de la préparation de la guerre impérialiste.

Une conclusion s'impose irrésistiblement quand on examine ce rôle de la Social-démocratie, agent de la Bourgeoisie dans les rangs ouvriers, c'est que toute bataille, même minime, de la classe ouvrière, n'est possible sans une lutte acharnée contre les serviteurs de l'impérialisme. Nous devons pourtant continuer à attacher le plus grand prix à la tactique du F. U. pour gagner à la bataille révolutionnaire les ouvriers encore égarés derrière le Parti socialiste. La tactique du F. U. doit être essentiellement orientée vers les entreprises, à la base; elle doit être une tactique de mobilisation et d'organisation des masses pour la lutte contre la Bourgeoisie.

Le danger de droite dans l'I. C.

Le VI° Congrès, en conclusion de son analyse de la situation internationale, a défini comme suit nos tâches essentielles :

1° Lutte contre la guerre impérialiste imminente pour la défense de l'U. R. S. S., contre l'intervention en Chine, pour le soutien des mouvements nationaux révolutionnaires des peuples opprimés.

2° Lutte quotidienne, en liaison avec les tâches ci-dessus, contre l'offensive du capital, pour la défense des revendications les plus modestes de la classe ouvrière.

3° Lutte renforcée contre la social-démocratie et la bureaucratie syndicale d'Amsterdam.

4° Du point de vue intérieur et pour permettre l'application d'une juste politique, lutte contre les dangers de droite.

Le but du rapport n'étant pas de développer ces tâches, mais de montrer la gravité des dangers de droite dans l'I. C., examinons maintenant, d'abord d'une façon générale, ensuite d'une façon plus détaillée pour quelques partis, sous quelles formes se manifeste le danger de droite, en contradiction avec la ligne fixée par le VIᵉ Congrès.

Nous avons vu au début quelle était l'appréciation formulée par le VIᵉ Congrès, à propos de la période actuelle du développement du mouvement ouvrier et de la crise du capitalisme. On peut la résumer ainsi : « *La troisième période comporte d'une part une certaine consolidation des forces économiques et politiques de la Bourgeoisie, mais aussi d'autre part un « puissant développement des contradictions » qui aboutissent à un nouvel ébranlement de la stabilisation capitaliste.* »

Pour les gens de la IIᵉ Internationale, la période actuelle apparaît comme le début d'une ère de prospérité capitaliste. Les social-démocrates de tous les pays sont fixés sur les seuls aspects favorables au Capitalisme. Ils négligent à dessein les côtés négatifs et quand nous parlons de la guerre imminente ils nous accusent de vouloir la guerre. Ils croient à la guérison définitive et durable du système capitaliste. Ils exaltent la démocratie bourgeoise, la Paix sociale, la Société des Nations. En fait, ils soutiennent activement la guerre du patronat contre la classe ouvrière et préparent avec une rare énergie la guerre impérialiste, sous le couvert hypocrite et mensonger de la « Défense Nationale ».

La droite dans les Partis Communistes des pays capitalistes est étroitement apparentée à la Social-Démocratie. Elle donne, à quelques nuances près, les mêmes appréciations de la situation. Elle est frappée par tout ce qui est ou paraît être en faveur de la consolidation des forces bourgeoises. Elle sous-estime tout ce qui est l'indication de contradiction insoluble pour le capitalisme. Elle méconnaît la valeur exacte des manifestations de la lutte des classes. Elle ne croit pas à l'imminence du danger de guerre. En résumé, elle ne voit pas les multiples facteurs négatifs qui sapent dé à présent la stabilisation capitaliste et qui « *transformeront la période actuelle de « stabilisation » en une période de grandes catastrophes* ».

La droite dans tous les Partis communistes observe une attitude erronée à l'égard de la Social-Démocratie. Elle méconnaît absolument l'importance du tournant tactique réalisé à l'échelle internationale par l'I. C.

La droite est le reflet au sein de nos Partis de la pression idéologique des ennemis du prolétariat sur le prolétariat. Dans les conditions plus difficiles, plus compliquées de la bataille prolétarienne que doivent diriger les Partis communistes, la droite exprime le trouble d'éléments petits-bourgeois ou de couches arriérées du prolétariat. L'ensemble des erreurs de droite constitue une déviation de la ligne communiste en direction de l'idéologie social-démocrate, c'est un pas vers la Social-Démocratie.

Les erreurs de droite se sont manifestées dans presque tous les Partis de l'Internationale. Nous allons voir particulièrement la situation des Partis Communistes d'Allemagne et de Tchécoslovaquie avant d'examiner la lutte contre la droite dans le Parti Communiste français.

1° Les questions du Parti communiste allemand

L'Allemagne est peut-être le pays où se manifestent avec le plus d'acuité les contradictions de la période actuelle du Capitalisme. Dans un article de l'*Humanité* (8 janvier 1929) on a expliqué plus longuement comment d'une phase d'affaiblissement extrême, l'économie capitaliste en Allemagne était passée à une phase de relèvement, puis d'essor prodigieux; comment à la période de batailles se terminant par la défaite prolétarienne de 1923, avait succédé une phase de rationalisation à outrance qui provoque désormais une accentuation prononcée de la lutte des classes; comment la production élargie de l'Allemagne capitaliste, comprimée dans le cadre que lui ont imposé les alliés en 1919, devenait un des facteurs les plus certains de la guerre impérialiste inévitable.

En Allemagne, la Social-Démocratie a conservé sous son influence une grande partie de la classe ouvrière. L'évolution vers la gauche des masses petites-bourgeoises a encore accru ses effectifs électoraux, la portant à nouveau au pouvoir, dans un Gouvernement de coalition. C'est en Allemagne que la Social-Démocratie développe la politique la plus conséquente, si on peut dire, de « Paix Sociale » et « Démocratie Économique ». L'attitude des socialistes allemands dans la question du croiseur A et dans le lock-out de la Ruhr sont les manifestations les plus récentes de cette politique de trahison consciente des intérêts prolétariens.

La tâche de notre Parti frère d'Allemagne est particulièrement ardue et compliquée. Sa politique doit être rigoureusement conforme aux directives du VIe Congrès de l'I. C.

Or, il s'est trouvé au sein du P. C. A. tout un groupe organisé fractionnellement depuis de longues années déjà pour repousser la politique préconisée par l'I. C. et pour en saboter l'application par le P. C. A. et son C. C. On sait qu'à la tête de ce groupe sont Brandler et Thalheimer, l'un et l'autre portant les plus lourdes responsabilités pour la défaite de 1923. Plus ou moins actifs depuis 1923, l'activité fractionnelle du groupe Brandler-Thalheimer s'est intensifiée lors du congrès d'Essen en 1927. C'est à ce moment que Brandler rédigea son projet de programme d'action, avec le mot d'ordre : du « contrôle de la production » interprété dans un esprit opportuniste, dès l'instant où il ne peut être rattaché aux solutions révolutionnaires que le Parti préconise dans une situation immédiatement révolutionnaire. Le mot d'ordre de Brandler correspond simplement à la phraséologie social-démocrate sur la conquête de la « démocratie économique ».

Puis, la fraction de droite se dresse violemment contre les décisions du 9e Plénum et du 4e Congrès de l'I. S. R. relatives à la tactique des grèves. Les droitiers sont contre le travail direct de préparation et d'organisation des grèves par-dessus la tête des bureaucrates syndicaux d'Amsterdam.

Les directives du VIe Congrès ont naturellement trouvé dans les droitiers du P. C. A. des adversaires résolus. A leur avis, le cours actuel de l'I. C. est un cours « ultra gauche ». Ils affirment que la tactique du Front Unique préconisée par le VIe Congrès constitue un renoncement au F. U. Ils se dressent contre la politique syndicale de l'I. C., contre la constitution des comités de grèves en dehors des syndicats réformistes. Ils restent à la formule erronée : « Contraignez les bonzes » (à l'action). Dans la Ruhr, ils critiquèrent et sabotèrent le travail du Parti, qui sut cependant se placer à la tête de dizaines de milliers d'inorganisés.

Les droitiers qui ont brisé le referendum contre la construction du croiseur A en déclanchant leur campagne abjecte contre Thaelman et le C. C., osèrent soutenir ensuite que l'insuccès du Parti tenait à l'orientation trop anti-social-démocrate du referendum. C'est inouï si l'on songe que ce sont les socialistes qui ont permis la mise en chantier du croiseur malgré leur démagogie pré-électorale. Il faut rattacher cette accusation portée par les droitiers contre le C. C. du P. C. A. et de leur attitude erronée dans la question du Front Unique à leurs illusions dans la « social-démocratie-gauche ». Les droitiers qui penchent vers la social-démocratie sont incapables de comprendre le sens des manœuvres de la Social-Démocratie et surtout des démagogues et phraseurs de gauche.

Dans les questions intérieures au Parti, les droitiers du P. C. A. mènent campagne contre la « mécanisation par Moscou », ils sont contre les cellules d'entreprises, « copie servile » des formes d'organisation du Parti bolchévik, ils veulent le retour à l'organisation territoriale.

Les droitiers prétendent créer un Parti en s'emparant du glorieux nom « Spartacus ». Mais ils sont en vérité passés à la socia-démocratie. Leur adhésion formelle au Parti social-démocrate au sein de laquelle ils rejoindront les Lévi et les Rosemberg n'est qu'une question de temps.

Dans le P. C. A., il existe en outre un groupe de camarades autrefois dans l'opposition, ralliée depuis Essen, dits « conciliateurs », qui se proclament « d'accord en général » avec le VI⁰ Congrès, avec la ligne politique de l'I. C., mais qui formulent des « réserves » sur tel ou tel problème et surtout sur les questions intérieures. C'est le terrain commun à tous les opportunistes de prétendre cacher sous des critiques de forme leurs désaccords sur le fond. C'est aussi une marque de l'opportunisme que le bavardage petit-bourgeois contre la discipline trop sévère au sein du Parti Communiste. Les conciliateurs sont en parole contre la droite, mais ils luttent en fait contre le C. C. du P. C. A., contre sa ligne juste. Il est tout à fait remarquable que les droitiers furent battus plus facilement là où ils étaient plus nombreux, mais où ne se trouvait aucun conciliateur, que dans les endroits où les conciliateurs plus nombreux favorisaient les agissements de droitiers isolés.

Des camarades savent comment s'emparant du cas Witof (un fonctionnaire de l'organisation de Hambourg qui avait gardé par devers lui l'argent du Parti), les droitiers bénéficiant de l'appui des conciliateurs essayèrent d'atteindre le camarade Thaelman et avec lui tout le C. C. Le C. C., surpris par l'attaque, alla même jusqu'à retirer ses fonctions à Thaelman. A la suite de la résolution du Présidium de l'Exécutif faisant confiance au camarade Thaelman et invitant tout le P. C. A. à une lutte renforcée contre la droite, les partisans de Brandler développèrent une activité fractionnelle inouïe à laquelle le P. C. A. mit fin par l'exclusion de tous ceux qui refusaient de s'incliner devant les décisions du VI⁰ Congrès. En même temps l'Exécutif de l'I. C. adressait une Lettre Ouverte aux membres du P. C. A. qui a été publiée *in extenso* dans la *Correspondance Internationale* et en partie dans l'*Humanité*, et dans laquelle l'Exécutif insistait vigoureusement sur la nécessité de mettre un terme à l'activité criminelle de la droite et mettait les conciliateurs en demeure de choisir définitivement :

ou avec le C. C. du P. C. A. et avec l'I. C. ou avec la fraction de droite.

Notre Bureau Politique adopta au début de janvier une résolution approuvant la Lettre Ouverte au P. C. A. et aussi les mesures d'exclusion prises à l'endroit des fractionnistes, le B. P. insista avec l'Exécutif sur le caractère international de la Lettre Ouverte du P. C. A.

2° Le Parti communiste en Tchécoslovaquie

L'attention du C. C. et de tout le Parti doit être attirée sur la situation dans le P. C. de Tchécoslovaquie, parce qu'il y a là de nombreuses analogies avec la situation dans notre propre Parti et que l'on peut mesurer le danger que comporterait pour notre Parti une lutte insuffisante contre les déviations opportunistes.

Le P. C. de Tchécoslovaquie est un Parti de masses qui groupe un effectif nombreux; il est proportionnellement le plus dense des P. C. Il a gardé malgré ses nombreuses et lourdes fautes l'influence déterminante sur le prolétariat tchécoslovaque. Mais il s'avère que cette influence est loin d'être consolidée idéologiquement et organiquement, et le P. C. de Tchécoslovaquie a subi l'année dernière de sérieuses défaites.

Ces défaites résultent essentiellement d'une politique opportuniste. A différentes reprises, l'I. C. a dû intervenir auprès du P. C. de Tchécoslovaquie pour la correction des déviations de droite. Mais dans les rangs mêmes du Parti, la lutte contre la droite ne fut jamais menée clairement et systématiquement. Il y eut trop souvent l'unanimité sur les résolutions inspirées par la politique juste de l'I. C. Les cadres dirigeants ne surent pas accepter et susciter l'auto-critique courageuse et publique qui permet la correction des erreurs, la rectification des fautes. La réorganisation sur la base des cellules d'entreprises fut réalisée formellement; en fait, rien ne fut changé dans les méthodes de travail, et les cellules manquèrent de vie, ne surent, ne purent pas travailler. De plus, une orientation légaliste conduisit le P. C. de Tchécoslovaquie à la sous-estimation du travail de masse et le confina dans l'action parlementaire. Une fausse estimation de la social-démocratie conduisit à une conception opportuniste du Front Unique, considéré par exemple comme l'alliance avec les chefs réformistes par les dirigeants des syndicats rouges.

Le P. C. de Tchécoslovaquie comme notre Parti n'a pas connu l'épreuve du feu. Il porte en lui de lourdes survivances social-démocrates qu'il n'a pas su jusqu'alors éliminer et surmonter au cours d'un travail pratique résolument bolchévik et à travers des discussions de principe absolument indispensables.

C'est pourquoi le P. C. de Tchécoslovaquie, à peu près au moment où notre Parti commettait des fautes du même genre, ne sut pas comprendre l'importance des luttes économiques dans cette période de « stabilisation » et de « *contradictions aggravées* », ni l'imminence du danger de guerre. Il se trouva quasi désemparé devant l'attaque brusquée de la Bourgeoisie. La « Démocratie » tchécoslovaque se mit à interdire les manifestations, à suspendre la presse communiste, à préparer la mise dans l'illégalité du Parti.

Le Parti ne sut pas diriger la réaction spontanée des masses, il laissa s'atténuer l'énergie formidable des masses, et quand il voulut intervenir, il aboutit à des échecs dont les causes et les effets comportent plus d'une ressemblance avec ce que nous avons vu en France, lors des manifestations d'Ivry, de Saint-Denis et de Vincennes.

La Spartakiade ayant été interdite, le P. C. lança sans aucune liaison avec les masses et sans grande clarté dans le but à atteindre, le mot d'ordre de la Journée Rouge. Ce fut seulement 15 jours avant que le P. C. comprit la nécessité enfin de lancer des mots d'ordre de masse se rapportant à la défense des travailleurs. La question de savoir si la manifestation se ferait légalement ou illégalement, en cas d'interdiction par la police ne fut tranchée qu'au dernier moment. Et le jour de la manifestation, les masses ne vinrent pas (et pourtant le Parti a obtenu 900.000 voix aux dernières élections), 6.000 révolutionnaires se trouvèrent à Prague, dont 3.000 de province; on ne sut même pas les rassembler. Ce fut un fiasco lamentable. Mais ne semble-t-il pas que ce soit parler de notre propre Parti?

Le Parti communiste de Tchécoslovaquie doit maintenant réagir vigoureusement s'il ne veut pas préparer de terribles réveils pour le prolétariat. A la suite des travaux du VIe Congrès, une Lettre Ouverte a été adressée par l'I. C. à tous les membres du P. C. de Tchécoslovaquie. La première tâche, la tâche fondamentale, c'est la rectification de la ligne du Parti après une discussion publique et franche. L'I. C. indique que des modifications importantes doivent être apportées dans les directions à tous les échelons sur la base de cette discussion, il faut — dit l'I. C. — faire entrer « de jeunes ouvriers révolutionnaires liés avec les masses » dans toutes les directions (n'était-ce pas aussi très nécessaire pour notre Parti? Nous croyons que si!)

La discussion se déroule actuellement. Il y eut déjà des tentatives de la saboter, de la diminuer, de restreindre l'auto-critique. Notre Parti doit être là encore aux côtés des militants du P. C. de Tchécoslovaquie qui combattent pour la ligne juste de l'I. C.

3° La droite dans le Parti communiste français

D'une façon générale, les déviations de droite dans le P. C. F. sont identiques à celles que l'on rencontre dans les autres Partis. Pour ne pas reprendre ce qui a été dit au dernier C. C., essayons de montrer sous quelles formes se manifeste actuellement le danger de droite dans le Parti.

1° *Sous-estimation du danger de guerre :* L'incompréhension de la situation actuelle manifestée par exemple dans les écrits de plusieurs camarades, conduit en premier lieu à la sous-estimation du danger de guerre. Il ne s'agit pas seulement de ceux qui opposent une conception différente à la ligne définie par le VIe Congrès. Il s'agit surtout de l'indifférence, de l'insouciance de larges cercles du Parti à l'égard de la menace de guerre et de leur inactivité coupable à l'instant où nous devons travailler pratiquement et systématiquement contre la guerre. Sous ce rapport, le C. C. doit faire une large critique des 7 et 11 novembre qui n'ont pas été des succès pour le Parti et pour la classe ouvrière, ce qui est excessivement grave. Je sais que beaucoup de militants ont tendance à rejeter sur les défauts d'organisation les causes de notre insuccès. Ce n'est pas juste. Les faiblesses du travail d'organisation sont elles-mêmes la conséquence d'une fausse ligne politique. La cause initiale c'est la sous-estimation du danger de guerre. De nombreux rapports des rayons sont concordants sur ce point.

L'insouciance à l'égard des dangers de guerre est aggravée par une série de raisonnements qui se font jour dans le Parti et qui dénotent la plus grande confusion. C'est d'abord exprimée plus ou moins ouvertement la négation de *l'imminence* du danger de guerre.

Des camarades ne comprennent pas qu'il ne s'agit pas, comme le demandent certains, de *fixer* la date des hostilités à demain, au mois prochain ou à l'année suivante. Sous prétexte que la guerre de fait ne les a pas encore enlevés à leur quiétude, ces communistes raisonnent comme des social-démocrates, qui pour la galerie, dénoncent la guerre en général, mais nous combattent avec acharnement quand nous la montrons à l'état latent et prête à remplir le monde d'horreurs à la première étincelle.

Ou bien, on dit, la guerre n'est pas possible avec la génération qui a souffert. Le « peuple » se refusera à faire la guerre; il n'acceptera pas que 1914 se renouvelle, etc. Quel immense danger dans ce bavardage sentimental et vide! On oublie les 10 classes formées depuis la guerre, on oublie à côté des réactions d'anciens combattants qui haïssent la guerre le rôle chauvin des associations de combattants. Puis on oublie l'enseignement de Lénine. ses instructions à la délégation de la Haye, insistant sur le « mystère profond » qui prélude au déclanchement des hostilités. On oublie surtout que la guerre prochaine ne sera pas un simple renouvellement de 1914, qu'elle se fera dans des conditions différentes, que la mobilisation totale aura été précédée d'une mobilisation industrielle et militaire partielle et quasi invisible. Que les aviateurs joueront déjà leur rôle de massacre alors que la presse fera encore entendre des hypocrites tirades sur la Paix. que cette première partie de la mobilisation sera d'autant plus facile que le Parti aura été incapable de dénoncer le danger à temps et de se mettre à la tête des masses, et qu'il sera dans l impossibilité de continuer sa lutte dans des conditions de répression féroce.

Puis une série de militants défendent des conceptions opportunistes sur la question du désarmement envisagé à la façon des pacifistes petits-bourgeois, au lieu d'être posés à la façon léniniste : « Désarmement de la Bourgeoisie, armement du prolétariat. » On trouve ici rassemblés des droitiers avérés et des camarades qui affectaient hier de se placer à « gauche ».

Nous avons dit au dernier C. C. que des matériaux de notre section d'agit-prop contenaient de telles erreurs. Aujourd'hui nous devons dire qu'à Puteaux, au cours de la dernière campagne électorale, on trouve dans les éditions spéciales de l'*Humanité* des mots d'ordre absolument semblables à ceux du radical Montigny : « Contre la guerre (quelle guerre!). Pour le Désarmement. »

On trouve aussi dans le Parti des camarades qui sont *d'accord en principe*, mais qui restent absolument passifs en fait, qui ne font par exemple aucun travail anti, surtout à propos des réservistes. Puis il y a aussi un peu « *d'hystérie* ». Il y a des camarades qui parlent de la guerre, sans rattacher ce problème à notre lutte économique, sans relier par exemple dans le travail à l'usine, la lutte revendicative quotidienne à la lutte générale contre la guerre.

2° *Direction insuffisante du mouvement ouvrier :* Signalé pour mémoire. Dans le rapport spécial sur les grèves, le point de vue du B. P. sera développé largement. Retenons seulement comme faute caractéristique, le renouvellement des mêmes erreurs dans toutes ou presque toutes les grèves de ces dernières années : sous-estimation des réformistes, méthodes anarcho-syndicalistes de préparation ou plutôt d'impréparation, et de conduite des grèves; liaison insuffisante au mouvement général. manque de mots d'ordre politiques. Toutes ces fautes, dont la gravité réside précisément dans leur renouvellement constant. proviennent d'une auto-critique insuffisante, restreinte au cadre dirigeant, alors que nous devons faire appel publiquement à la masse pour la faire participer directement à la correction de nos propres fautes, à l'amélioration de notre politique.

Soulignons en passant, étant donné l'importance du travail syndical, du point de vue de la lutte ouvrière, combien était dangereuse la fameuse théorie de la « neutralité syndicale » contenue dans le projet de résolution du B. P. en vue de la conférence de Juin. Actuellement, sans l'affirmer ouvertement, de nombreux communistes chargés de fonctions dans les syndicats pratiquent en fait une politique de « neutralité syndicale », de neutralité à l'égard du Parti, comme nous l'avions laissé prévoir.

3° *Fausse appréciation de la Social-Démocratie et tactique du Front Unique erronée :* Nous avons déjà dit que la position erronée de camarades à propos de la tactique électorale, était la conséquence d'une fausse appréciation de la situation en général, de la Social-Démocratie en particulier. Nous sommes confirmés dans cette opinion par l'attitude que prend maintenant le camarade Doriot à l'égard de notre tactique de Front Unique. Le camarade Doriot, tout en prétendant accepter la ligne du VI° Congrès, déclare être en désaccord avec la tactique du Front Unique que nous appliquons. Nous ne pouvons en être surpris. Dans sa déclaration au C. C. de novembre, Doriot dit : « J'ai proposé un Comité d'Action comme celui qui fut créé au moment de l'occupation de la Ruhr et de la Guerre du Maroc, avec cette différence qu'initialement il ne comprenait à la tête que nos organisations. » Que veut dire cela, après que déjà nous avions combattu dans nos rapports précédents l'opinon erronée de Doriot, sur les Comités d'Action, après que nous avions essayé de le convaincre de son erreur. Cela veut dire que pour Doriot, aucune différence de principe du point de vue de notre attitude à l'égard de la Social-Démocratie entre 1923, 1925 et 1929. C'est-à-dire la négation absolue du VI° Congrès. Le « terme » initialement confirme bien la pensée de Doriot. Puis plus loin dans la même déclaration il est parlé de « *comités d'action à la base s'adressant aux moyens de propositions de front unique, aux organisations socialistes et confédérées.* » S'agit-il bien là d'une disparition du Parti et d'une conception du F. U. totalement différente de celle qui a été définie par le VI° Congrès. Pour nous, cela ne fait aucun doute. Une telle position c'est la négation de la plus importante conclusion du VI° Congrès dans le domaine de la tactique *déplacement vers la base du F. U.* Une telle position correspond à la conception attardée du F. U. compris comme un geste rituel et formel accompli par l'organisation du Parti vis-à-vis de l'organisation socialiste parallèle. La lettre à la section socialiste, telle est l'opinion répandue encore dans le Parti à propos du F. U., alors qu'il faut comprendre comme la tactique de « mobilisation et d'organisation des masses ouvrières pour la lutte ».

Le camarade Croset va plus loin. Il écrit : « Le C. C. sous-estime le F. U. Il le subordonne, dit-il, à la création d'un vaste réseau de comités d'usines. » Alors que pour Croset « la classe ouvrière et la petite-bourgeoisie pratiquent une *politique* d'opposition », nous devons « pratiquer une large politique de F. U. vis-à-vis des socialistes », des socialistes tout court.

Il y a ici l'incompréhension évidente de la situation présente et de l'attitude que nous devons avoir, conformément au VI° Congrès, à l'égard du Parti socialiste. Il y a ici la manifestation d'un état d'esprit déjà combattu par nous lors de la discussion sur la tactique électorale, qui estime nécessaire de passer absolument par l'organisation socialiste pour atteindre la masse ouvrière. C'est ne pas comprendre la transformation des bases de la social-démocratie et aussi sous-estimer le problème de la conquête et de l'organisation des inorganisés. Il est à remarquer que Croset écrit qu'il partage les conceptions de Doriot.

Signalons aussi au C. C. dans ce domaine de l'attitude à l'égard de la S. D. les erreurs opportunistes qui se sont manifestées dans la campagne électorale de Puteaux, articles, numéros spéciaux de l'*Humanité* avec contenu opportuniste, affiche scandaleuse, etc... mais dont est responsable la Direction, qui n'a pas su prendre en main toute la campagne. Indiquons aussi que des camarades sous-estimant gravement la lutte internationale contre le trotskisme, ne trouvaient pas juste l'article que le Secrétariat fit placer en leader dès l'annonce du candidat présenté par le cercle « Marx-Lénine ».

4° *Tentative de nier ou d'atténuer le danger de droite* : Une forme du danger de droite, c'est la tentative de nier son importance et de sous-estimer ses conséquences. D'une part, nos membres du Parti tendent de restreindre la signification historique de la Lettre ouverte de 1927, comme premier signal d'alarme et comme premier effort pour le redressement politique du Parti. Ils insistent sur les erreurs de détail contenues dans ce document et oublient ou feignent d'oublier l'ampleur du tournant qu'il a suscité. Il est d'ailleurs remarquable que ce soient en général ceux qui furent à l'époque contre la politique du Parti qui mènent actuellement encore l'attaque contre notre ligne juste. D'autre part, des camarades s'efforcent de restreindre l'importance de la discussion et tendent de la faire apparaître comme une petite querelle de boutique. Nous avons vu où cela a conduit le P. C. de Tchécoslovaquie. Il est vrai que dans notre Parti une telle position est aidée par le silence de camarades comme Doriot, membre du Bureau politique, qui s'affirme d'accord, quoique faisant des réserves, sur la question essentielle du Front unique, et qui permet la cristallisation derrière lui de tous les éléments opportunistes du Parti; surtout quand, mis en demeure de s'expliquer, le camarade Doriot annonce qu'il se *prépare pour le Congrès* à parler sur toutes les questions. Qu'est-ce cela, sinon l'indication très claire que le camarade Doriot n'entend pas se placer sur le terrain du Bureau Politique du C. C. qui applique la ligne du VIe Congrès? Est-ce que son intervention, dans ces conditions, ne sera pas une plate-forme pour le rassemblement de tous les éléments opposés à la ligne juste du Parti?

5° *Crainte de l'auto-critique* : Un danger important consiste à craindre l'auto-critique large et publique. Il est des camarades responsables qui ne peuvent souffrir aucune critique, même justifiée et qui ont des réactions brutales dès qu'on se permet d'apporter une opinion contraire à celle qu'ils expriment. Le résultat est de faire taire de bons camarades et de gêner le redressement du Parti. Il en est d'autres qui ont peur de l'utilisation par les adversaires des matériaux de notre discussion et qui s'alarment devant les vérités que nous n'entendons pas cacher à la classe ouvrière.

Nous ne nous étendons pas davantage sur d'autres erreurs de droite, notamment l'abandon des cellules d'entreprises. Nous avons voulu seulement apporter quelques nouvelles conclusions au premier rapport de novembre.

Ce qui est clair, c'est que dans toute l'Internationale il existe bien un grave danger de droite et que les Partis doivent lutter vigoureusement contre l'opportunisme pour l'application de la ligne juste. Il est aussi très clair qu'on ne peut prétendre combattre la droite dans les autres Partis sans la combattre d'abord dans son propre Parti.

III. Problèmes du Parti de l'U.R.S.S.

Nous abordons la troisième partie de notre rapport. Nous la concentrerons le plus possible en raison des nombreux matériaux qui ont déjà été donnés sur cette question.

Les progrès et les difficultés de l'édification socialiste

La première constatation qui s'impose, c'est la certitude des grands progrès obtenus par le Prolétariat de l'U. R. S. S. sous la direction du Parti bolchevik, dans la voie de l'édification socialiste. La production générale s'est accrue; ce qu'il faut surtout retenir, c'est la croissance plus rapide du secteur socialiste, de la grande industrie étatisée. L'augmentation de la production industrielle a été plus rapide en U. R. S. S., en 1927-1928, que dans les pays capitalistes les plus avancés (21,7% au lieu de 10% environ). Pourtant, la croissance de l'industrie n'est pas uniforme pour toutes les branches. Il y a même de graves objets de préoccupation en ce qui concerne le charbon, le fer, dont la production, en 1928, est encore inférieure à celle de 1913.

Ainsi, la production industrielle augmente, surtout la production des moyens de production. Cependant, il existe toujours en U. R. S. S. une pénurie de marchandises. L'augmentation de la production est inférieure à l'augmentation de la demande qui traduit le relèvement constant du niveau de consommation des masses.

Mais on doit bien comprendre le caractère particulier des difficultés qui sont liées à la croissance des forces productives de l'économie socialiste et qui n'ont aucun rapport avec les crises du système capitaliste. Alors que dans le monde capitaliste il y a sous-consommation ou surproduction, donc stagnation et régression, dans l'U. R. S. S. l'augmentation du pouvoir d'achat des masses laborieuses ne trouve d'autre limite dans le présent que l'extrême limite de la production intensifiée. Les difficultés économiques de l'U. R. S. S. expriment l'*amélioration* des conditions d'existence des masses et se produisent sur une courbe *ascendante* de l'économie. Les difficultés présentes sont aussi la conséquence directe des conditions arriérées de l'économie sous le tsarisme, conditions aggravées encore par la guerre impérialiste et par la guerre civile. Puis le développement magnifique de l'U.R.S.S. se produit dans les conditions de l'encerclement capitaliste et avec les seules forces du prolétariat et de la paysannerie soviétistes.

Le problème de l'agriculture, particulièrement le problème du blé, est un des plus sérieux de l'heure présente. Le niveau général de l'agriculture reste bas. La production agricole est loin d'être en rapport avec la croissance de la production industrielle. Le développement des cultures industrielles ne compense pas la baisse des quantités de blé livrées au marché. La production du blé est légèrement inférieure à celle d'avant guerre; elle se fait dans des conditions différentes. Le tableau suivant le montre clairement :

PRODUCTION DU BLÉ	Total de la production (millions de pounds)	Blé écoulé sur le marché
(Avant guerre) :		
1. Propriétaires fonciers.	600	281,6
2. Koulaks. . . . . ٭	1.900	650
3. Paysans pauvres. moyens.	2.500	369
Totaux.	5.000	1.300,6
(1926-1927) :		
1. Économies soviétiques et collectives.	60	37,8
2. Koulaks.	617	126
3. Paysans pauvres et moyens. . . .	4.052	466,2
Totaux.	4.749	630

La solution des difficultés dans le domaine de la production du blé marchand ne peut être trouvée que dans l'application des mesures décidées par le C. C., mesures qui ont déjà eu des premiers résultats satisfaisants (semences, emblavements, prix du blé), et qui tentent essentiellement à unir et à transformer les petites exploitations individuelles en grandes exploitations collectives, à renforcer les domaines soviétiques, sans cependant négliger l'aide directe au petit paysan. Cela revient à dire que l'on doit encore développer la production industrielle, surtout la production des machines nécessaires à l'agriculture. La croissance de l'agriculture et de l'industrie sont étroitement dépendantes. Sans machines agricoles, pas de plus grand rendement de la terre, pas de concentration de l'économie agricole sur une base socialiste. Sans production agricole intensifiée, pas de matières premières et de produits de consommation alimentaire pour l'élargissement de la base industrielle de l'État prolétarien.

C'est ce que comprend bien le C. C. du Parti de l'U. R. S. S., et c'est pourquoi il insiste simultanément sur la nécessité d'accroître le « rythme d'industrialisation », c'est-à-dire de développer encore plus rapidement l'industrie. avant tout l'industrie des moyens de production (industrie lourde) et sur la nécessité d'aider le plus possible à la création et au renforcement des économies soviétistes et collectives.

A ce problème fondamental de l'industrialisation et de la « collectivisation » de la campagne viennent se greffer des difficultés subsidiaires. Dans l'industrie, l'introduction progressive des sept heures, l'amélioration générale des conditions de travail n'ont pas encore fait disparaître un certain relâchement de la discipline de travail, un rendement insuffisant du travail en général. Cela tient surtout au faible nombre d'ouvriers qualifiés en regard d'une grosse masse de travailleurs venus récemment des campagnes.

A la campagne, le koulak (paysan riche) cherche à se libérer de la contrainte économique et politique du pouvoir des Soviets. Dans une certaine mesure, il réussit à entraîner avec lui ou à troubler d'autres couches paysannes et augmente encore les difficultés rencontrées dans la politique du blé.

Dans les conditions de la N. E. P., qui est la tolérance jusqu'à un certain point de la production capitaliste et de l'échange sous la forme capitaliste, il se produit naturellement. à côté d'un renforcement plus rapide des positions du prolétariat, un renforcement d'éléments hostiles au prolétariat.

Lénine a écrit : « *La petite production engendre constamment, journellement, à chaque heure, d'une façon élémentaire et à l'échelle de masses, le capitalisme et la bourgeoisie.* »

Le koulak et le nepman de la ville opposent une résistance croissante à la politique prolétarienne des Soviets. La complexité des tâches, les difficultés rentrées, l'accentuation, au stade actuel, de la lutte de classes, provoquent des hésitations dans les masses paysannes et dans certains milieux petits-bourgeois et jusque parmi quelques couches de la classe ouvrière. Ces hésitations se reflètent jusque dans le Parti et sont à l'origine des déviations combattues avec la plus grande vigueur par la masse du Parti bolchevik, unie derrière son C. C. léniniste.

Le parti et la lutte contre les déviations de droite

Dans quel sens se manifestent les déviations dans le Parti de l'U. R. S. S.? Dans le sens d'une capitulation devant la pression des éléments capitalistes, dans le sens d'un abandon des positions de classe du prolétariat, vers la soumission aux exigences de la nouvelle bourgeoisie.

Par exemple, sous prétexte de fournir immédiatement à la campagne les produits de consommation courante qu'elle sollicite, on propose de consacrer moins d'efforts en faveur de la « super-industrialisation » pour s'occuper davantage de l'industrie légère. C'est évidemment là une grave erreur, un danger sérieux. Il ne s'agit pas de « super-industrialiser », mais de fournir à l'industrie socialisée des machines produites dans l'U. R. S. S. même, par une industrie lourde pour laquelle existent toutes les possibilités de large développement. Il s'agit de ne pas permettre, sous prétexte de pallier à des difficultés momentanées, de ralentir l'édification socialiste en plaçant l'U. R. S. S. sous la dépendance étroite du capitalisme international (ce à quoi on aboutirait en atténuant le monopole du commerce extérieur).

La droite reproche au Parti « d'exciter la lutte des classes » à la campagne. Le Parti n'a pas à exciter la lutte des classes à la campagne, mais il n'a pas à fermer les yeux sur les antagonismes de classe. Toute sous-estimation de la lutte des classes équivaut à un renoncement à la ligne prolétarienne. Le Parti doit travailler pour que se réalise dans les conditions de la dictature du prolétariat l'alliance ferme du prolétariat et de la paysannerie pauvre et moyenne pour l'offensive vigoureuse contre le koulak.

C'est dans cet esprit que le C. C. condamne ceux qui tentent de diminuer l'importance du travail à effectuer pour le renforcement des économies soviétistes et l'exploitation collective sont les bases solides pour le développement de l'économie socialiste. Ensuite, parce que l'augmentation de la production, de ces économies soviétiques et collectives fournira immédiatement une « masse de manœuvres » des plus appréciables contre le koulak.

La déviation de droite se manifeste aussi dans le Parti de l'U. R. S. S. dans la tendance bureaucratique qui craint la franche auto-critique des larges masses, qui ferme les yeux devant les problèmes de la lutte des classes, ne sait pas écouter la classe ouvrière et les masses paysannes. L'affaire de Chakhty a révélé en même temps que le complot permanent contre la révolution, l'inattention coupable des cadres du Parti, des syndicats, de fonctionnaires des Soviets et des administrations économiques. Déjà le C. C., le 3 juin dernier, lança un appel public à la masse des travailleurs de l'U. R. S. S. Le C. C. invitait les travailleurs à la « critique sans égard pour personne », pour ne pas permettre une

«dégénérescence communiste » pour améliorer constamment
« l'appareil soviétique ».

Dans le même moment que les déviations de droite, nettement
opportunistes, se manifestaient, on constatait aussi une plus grande
activité des éléments trotskistes, qui ne sont, au fond, qu'une va-
riété de la déviation de droite. La seule différence, c'est qu'ils
cachent leur pessimisme, leurs conceptions menchévistes, sous une
phraséologie de gauche. Dans ces dernières semaines, d'une propagande fractionnelle déjà excessivement contraire aux principes
de la dictature prolétarienne, les trotskistes sont passés à une pratique nettement contre-révolutionnaire qui a mis nos camarades
du P. C. de l'U. R. S. S. dans l'obligation de procéder à de nombreuses arrestations et d'envisager l'expulsion de Trotski du territoire de l'Union Soviétique.

Outre ces deux manifestations extrêmes contre la ligne du
Parti, opportunisme déclaré et trotskisme, le C. C. a dû combattre
une tendance à tolérer le danger de droite. Cette tendance « conci-
liatrice » s'est exprimée particulièrement au sein du Comité de
Moscou. Il y eut alors une réaction très vive de la part des éléments de base du Parti, dans l'organisation de Moscou. Les rayons
protestèrent de leur accord absolu avec la ligne du XVᵉ Congrès
appliquée par le C. C.; ils procédèrent à des réélections de leur
direction en prenant soin que des directions puissent lutter ferme-
ment contre la droite et aussi contre les conciliateurs. Le Comité
de Moscou désigna lui-même une autre direction et adopta une
résolution approuvant la lettre du C. C. à l'organisation de Moscou
du Parti.

La ligne du C. C. fut confirmée lors de sa dernière session,
en novembre. La résolution adoptée après rapport de Rykov, sur
les chiffres de contrôle de l'économie nationale pour 1928-1929,
développe longuement les raisons qui militent en faveur d'une
« réalisation intégrale du rythme de développement » de l'industrie
lourde, de l'industrie de construction des machines, de l'industrie
chimique. La résolution dit que « tout en refoulant de plus en plus
énergiquement les éléments capitalistes exploiteurs, il faut favoriser les forces de production du village par l'organisation des
fermes soviétiques, par l'aide aux firmes collectives de l'agriculture et par le renforcement général des stimulants économiques
pour la masse des paysans pauvres et moyens ». La résolution,
après une condamnation de toutes les déviations, se termine sur
l'appel à « *tous les membres du Parti pour qu'ils concentrent leurs
forces sur la maîtrise des difficultés économiques et sur la mobilisation de toutes les forces créatrices de la classe ouvrière afin
d'assurer le rythme prévu de l'industrialisation, de la socialisa-
tion et de réaliser le plan économique projeté* ».

Une deuxième résolution sur « *le recrutement ouvrier du
Parti* » fut adoptée après un rapport du camarade Molotov. Cette
résolution tend essentiellement vers la réalisation des conditions
qui permettent au Parti d'exercer « *son rôle d'avant-garde communiste du prolétariat et de guide de l'ensemble de l'édification
socialiste* ». Le Parti doit d'abord obtenir une composition sociale
améliorée. La direction de toute l'économie, de tout l'appareil
d'Etat, le travail dans les syndicats, fait qu'un tiers des membres
ouvriers du Parti ne sont plus à l'usine. La production des *ouvriers
travaillant encore à l'entreprise*, qui est actuellement de 42%,
doit être portée à 50% en deux ans.

Un gros effort doit être fait pour recruter de nombreuses adhésions des ouvriers industriels. De même pour permettre l'application de la juste politique de classe à la campagne, il faut renouve-

ler les organisations du Parti au village, faire adhérer les meilleurs éléments parmi les prolétaires agricoles et les paysans pauvres.

En même temps, il faut procéder à une épuration impitoyable des rangs du Parti, le débarrasser des *« éléments étrangers qui se sont décomposés, bureaucratisés »*.

Le Parti doit veiller au travail dans les organisations de masses, syndicats et Soviets. On constate que les syndicats ne montrent pas toujours une compréhension exacte des besoins des masses ouvrières, qu'ils ne répondent pas assez à la volonté de créer et d'améliorer qui anime les masses. Les cadres ont tendance à se bureaucratiser, ne suivent pas avec assez d'attention l'éducation prolétarienne des nouvelles couches ouvrières venues des campagnes et introduites dans les usines.

Le Parti doit assurer *« l'exécution du mot d'ordre d'auto-critique et d'application effective de la démocratie syndicale »*. Il doit en un mot obtenir *« un renforcement général et direct de ses liaisons avec les masses de la classe ouvrière »*.

C'est-à-dire que le Parti doit encore apporter plus de soin que jamais à l'élévation du niveau idéologique des masses du Parti, à une solide formation marxiste des cadres dirigeants prélevés parmi les meilleurs prolétaires.

Les résolutions du Comité Central ont été accueillies avec satisfaction par la base du Parti, surtout dans les grands centres prolétariens. Les assemblées de cellules, les conférences de rayons qui se tiennent en vue de la XVI° Conférence du Parti adoptent des motions approuvant la ligne appliquée par le C. C., en conformité des décisions du XV° Congrès du P. C. U. et du VI° Congrès de l'I. C.

Nos camarades du P. C. de l'U. R. S. S. doivent savoir que notre C. C., que notre Parti sont à leurs côtés pour l'application sans défaillances de la ligne léniniste du VI° Congrès. Nous approuvons particulièrement dans cette période de lutte des classes renforcée les mesures prises contre les trotskistes qui deviennent l'extrême pointe du bloc des ennemis de la révolution prolétarienne.

*
* *

Nous avons essayé d'apporter des éclaircissements sur les problèmes les plus marquants de notre politique internationale. La conclusion qui se dégage irrésistiblement de l'examen sérieux de toute la situation, c'est la nécessité d'alerter les masses du Parti d'abord, les larges masses de la classe ouvrière et de la paysannerie sur l'imminence du danger de guerre impérialiste, de la menace contre l'U. R. S. S. C'est aussi, pour permettre à l'I. C. et à ses Sections de lutter effectivement contre la guerre impérialiste, la nécessité de mener à l'intérieur de nos Partis communistes une offensive vigoureuse contre les déviations de droite, contre toute tentative d'atténuer la gravité du danger de droite. Disons encore une fois au C. C. qu'il ne peut être question de combattre le danger de droite dans les Partis frères en le tolérant ou en le favorisant dans son propre Parti. La ligne de l'Internationale du P. C. mondial est une; sa défense exige *d'abord* la condamnation de toutes les déviations dans le Parti auquel on appartient.

Contre la guerre impérialiste, contre le danger de droite, tel est le double signe sous lequel nous devons placer la préparation du Congrès de notre Parti.

Maurice THOREZ.

LA SITUATION POLITIQUE ET ÉCONOMIQUE EN FRANCE
LA POLITIQUE, LA TACTIQUE ET LES TACHES DE NOTRE PARTI

Le VI° Congrès de l'Internationale Communiste a procédé a un examen approfondi de la situation mondiale du capitalisme qui a largement contribué à nous éclairer pour la détermination de la politique de notre Parti.

Pour la première fois, l'époque allant de la guerre à nos jours a été classée en trois périodes. La troisième période, que nous vivons a été caractérisée à l'échelle mondiale.

Nous devons en fixer pour la France les caractéristiques principales : 1° la différence entre la France d'avant-guerre et celle d'aujourd'hui; 2° les différents phénomènes de réorganisation, de concentration et de développement de l'économie capitaliste (développement industriel, accroissement de la production, formation et rôle du capital financier, capitalisme d'Etat); 3° la situation économique et politique actuelle (l'état de la conjoncture et perspectives immédiates); 4° les contradictions internes et externes du capitalisme (développement des luttes ouvrières, aiguisement de la lutte des classes, radicalisation des masses, Aggravation des contradictions entre impérialistes qui multiplient les dangers de guerre; existence de l'U. R. S. S. et préparation de la guerre contre elle).

La France d'aujourd'hui

La France d'aujourd'hui est devenue un pays de grande production industrielle. Son industrialisation s'est effectuée par la concentration des industries maîtresses, par la création de grands trusts et cartels nationaux qui trouvent leur prolongement dans les cartels internationaux.

Voici les principaux trusts et cartels constitués : trust des produits chimiques Kulmann, Trust de la Sidérurgie (Aciéries de la Marine Homécourt, de Denain-Anzin, de Châtillon-Commentry). Trust du matériel électrique Thomson-Houston. Trust de la T. S. F. (Compagnie de T. S. F. qui domine Radio France, Radio Electrique, et Radio Maritime). Trust de la Meunerie. Trust de la Chaussure (Société Générale de la Chaussure et Société Erlich Frères, liées toutes deux par la banque Bénard). Cartel du Ciment (Lafargue, Ciments Français et Poliet-Chausson). Consortium de l'Automobile (Ariès, Chenard et Walker, Delahaye, Donet, Rosengart). Société des Usines Citroën (Participation de la banque Lazard, de la grosse métallurgie Schneider et Châtillon-Commentry).

On peut encore mesurer l'accroissement des forces de production par la construction de nouvelles usines dans la métallurgie, les produits chimiques (17 nouvelles usines créées pour la production de l'ammoniaque Synthétique), dans l'automobile, le textile (soie artificielle), etc. Par la construction de hauts fourneaux; le chiffre passe de 131 en 1923, à 153 à feu en 1928, sur un chiffre total de 221 (47 étant en construction ou réparation et 21 en état de marche).

De grandes transformations ont eu lieu dans le système bancaire. Les grandes industries ont créé leurs propres banques. Les banques de crédit financent l'industrie et sont liées à elle. Le capital bancaire d'avant-guerre a fait place au capital financier.

L'Etat « indépendant » a fait place au capitalisme d'Etat. Les organismes de l'Etat s'interpénètrent avec les organismes du capital concentré. L'Etat subventionne et participe aux grandes entreprises industrielles. Il gère ou soutient financièrement les entreprises improductives (chemins de fer, canaux, routes, aviation, etc.).

Les grands capitaines d'industrie sont de plus en plus aux postes de direction politique de l'Etat. L'un d'eux, Loucheur, Ministre du Travail, a déclaré dernièrement que : « *L'Etat n'entendait pas intervenir comme directeur d'usine, mais que son rôle était de coopérer avec les industries lorsqu'elles prennent figure d'industries générales.* » Loucheur a démontré par là qu'il comprend très bien le rôle de l'Etat moderne placé au service du capitalisme concentré, pratiquant à l'égard du mouvement ouvrier une politique « sociale » avec son cortège de promesses de réformes qui lui permet de s'assurer la collaboration des social-démocrates et du côté capitaliste pratiquant une même politique d'immixtion qui s'exerce par la participation aux grandes entreprises nationales.

Dans une période de haute conjoncture, l'Etat intervient dans le financement des industries, et dans une période de basse conjoncture il intervient encore par des commandes et l'organisation de grands travaux pour relever l'industrie. Ainsi se réalise la subordination de l'Etat aux grandes entreprises industrielles et au capital financier.

Développement de la Production nationale

On peut mesurer le développement de la capacité de production au volume actuel de celle-ci qui dépasse de 30 % le niveau de 1914 :

	(en tonnes)		
	1913	1927	1928
Fonte.	5.207.000	8.306.000	9.387.000
Acier.	4.635.000	9.326.000	10.097.000

Soit une augmentation de plus de 4 millions de tonnes pour la fonte et de 5 millions de tonnes pour l'acier, c'est-à-dire le double de 1913. Dans le même temps, les exportations de ces produits sont passées de 500.000 tonnes à 4.500.000 tonnes.

Le chiffre d'affaires est de l'ordre de 30 milliards de francs et le nombre d'ouvriers occupés dépasse un million.

	1913	1927	1928
Charbon.	40.840.000	52.800.000	52.429.000
Coke.	2.940.000	4.045.000	4.400.000

Soit une augmentation de la production de charbon de 12 millions de tonnes sur 1913 et une augmentation de la production du coke de 1.400.000 tonnes.

Produits chimiques :

	1913	1927	1928
Azotes	53.600	—	88.900 t
Potasse	600.000	—	2.300.000 t.

Soit une augmentation en 15 ans de 300 % pour l'azote et la potasse. Les prévisions de 1929 pour l'azote étant de l'ordre de 100.000 tonnes.

En ce qui concerne la soie artificielle, la production mondiale qui était en 1913 de 11.000 tonnes, atteint maintenant 125.000 tonnes, dont plus de 10.000 tonnes pour la France, soit 8,80 % de la production totale.

L'indice de production totale qui se chiffrait à 103 en avril 1926 et à 116 en janvier 1928, atteint 130 en décembre 1928.

Les exportations totales ont augmenté sur 1914 de plus de 18 millions de tonnes et les importations de 5 millions de tonnes.

La rationalisation industrielle

La rationalisation qui se poursuit actuellement et qui a pour but l'augmentation de la production individuelle, va accroître encore le chiffre de la production totale.

Cette rationalisation de l'industrie, bien qu'elle soit déjà poussée dans les régions du Nord, de l'Est et Parisienne, n'est malgré tout qu'à son début. La normalisation des matières et des types de fabrication qui demande une concentration à la fois *horizontale* et *verticale* des industries, n'est qu'en partie réalisée dans les industries maîtresses (produits chimiques, sidérurgie).

La modernisation de l'outillage, le taylorisme, l'instauration du travail à la chaîne ne sont encore poursuivis que dans un nombre limité d'entreprises.

Mais la volonté des capitalistes et des gouvernants est de faire un gros effort maintenant que l'industrie s'est réadaptée au taux du franc stabilisé.

Les perspectives sont donc à une augmentation de la production au cours de ces prochaines années et le problème dominant pour l'industrie française est celui des débouchés. Ce problème inquiète tous les États capitalistes dont la capacité de production dépasse déjà sensiblement le volume de la production.

Le développement de la production sidérurgique mondiale

Un coup d'œil sur le développement de la production sidérurgique mondiale permet de saisir toute l'importance de la question des marchés. Permet de comprendre pourquoi les heurts et contradictions impérialistes vont en s'aggravant, pourquoi les impérialistes luttent de plus en plus pour les marchés coloniaux, pourquoi ils s'efforcent de reconquérir le vaste marché de l'U. R. S. S. Enfin, pourquoi ils se préparent fiévreusement à la guerre.

Aux États-Unis, la capacité de production sidérurgique a augmenté de 83 %, la production augmentant de 61 %. Or, actuellement, les États-Unis n'exportent que 10 % de leur production totale.

Pour l'Europe, la capacité de production a augmenté de 50 %, la production n'augmentant que de 12 %.

Pour la France, la production sidérurgique a doublé depuis la guerre, les exportations augmentant de près de 10 fois sur 1913.

Par cet aperçu, on voit que la production peut être quadruplée pour l'Europe si on tient compte de l'évaluation de la capacité de production. Que l'Amérique peut également augmenter celle-ci sensiblement et le chiffre bas de ses exportations sidérurgiques et ses tendances actuelles à conquérir les marchés extérieurs montrent quel adversaire dangereux elle va devenir très rapidement.

C'est-à-dire que le marché mondial va être de plus en plus disputé par les impérialismes rivaux.

A ce propos, *l'Usine* signalait dernièrement que le Steal Export Association of America ouvrait sur 33 places différentes du monde des bureaux de vente, et elle indiquait que ces perspectives pouvaient susciter certaines appréhensions quand la production métallurgique française allait être de l'ordre de 10 millions de tonnes. Nous sommes, ajoutait-elle, « *à une époque où va se jouer une partie décisive pour notre pays et nos industries* ».

La *Journée Industrielle*, en critiquant le régime des tarifs, faisait également observer que « *les produits manufacturés entrent en France en quantité croissante et que les industries exportatrices se trouvent au point limite ne défendant leur position au dehors qu'au prix de sacrifices sensibles sur leur marge de profit.* »

Le marché colonial

Il reste le marché colonial vers lequel industriels et gouvernants tournent de plus en plus les yeux.

Ce marché donne des sérieuses possibilités d'exportation de produits manufacturés et d'importation de matières premières. Depuis la guerre, les importations et les exportations sont en progression et les chiffres de 1928 accusent une augmentation sensible de leur valeur.

La mise en valeur des colonies est déjà poussée et l'on s'efforce d'y développer la rationalisation, c'est-à-dire d'aggraver l'exploitation des indigènes afin d'asseoir plus complètement la domination économique et politique de la France.

La création de réseaux ferrés : Indochinois, Congo-Océan, Marocain, la construction prévue du Trans-Saharien, la mise en service de routes aériennes, cependant que parallèlement on poursuit la réorganisation et le renforcement de l'armée coloniale, sont autant de pas vers cette mise en valeur. Une grande agitation est également faite pour servir cette politique : centenaire de l'Algérie « française » et exposition coloniale de 1931.

Mais là aussi il y a le revers de la médaille. On assiste à une résistance accentuée des masses indigènes. Pour « pacifier » l'impérialisme a fait la guerre au Maroc et en Syrie, réprimé férocement les mouvements en Indochine et en Afrique équatoriale où actuellement la révolte gronde. Sa politique présente ne peut que déterminer un plus grand mécontentement des masses indigènes et de nouveaux soulèvements.

Enfin, le marché colonial est lui-même de plus en plus disputé par la concurrence étrangère. (Amérique et Japon en Indochine, Amérique-Angleterre au Maroc).

Les heurts entre impérialistes se multiplient, on voit l'Italie revendiquer la Tunisie, le Maroc et l'Indochine, un représentant de Mussolini déclarant « *que ces colonies ne seraient jamais des terres françaises comme l'Algérie* ». L'Allemagne revendique la restitution des colonies qui lui ont été enlevées par le traité de Versailles. Les marchés coloniaux sont donc aussi une grave source de conflits et de guerres impérialistes.

Ainsi, la troisième période est marquée par : 1° un rapide développement de la technique; 2° une croissance des cartels et des trusts; 3° des tendances marquées au capitalisme d'État. Et parallèlement : par un développement des contradictions intérieures (croissance des forces productives et limitation des possibilités d'écoulement, concentration et développement capitaliste mais aussi concentration et renforcement de la force du prolétariat). Par un développement des contradictions entre impérialistes, une croissance des conflits dans les colonies et un renforcement de la lutte de la totalité des impérialistes contre l'U. R. S. S.

Examinons maintenant ces faits au travers de la conjoncture actuelle et en soulignant les difficultés rencontrées par le capitalisme.

État de la conjoncture en France

En général, l'état de la conjoncture est bon. Les carnets de commandes sont remplis pour plusieurs mois et les perspectives sont à un élargissement du marché intérieur (commandes de matériel de chemin de fer, pour l'électrification, pour la marine de commerce et de guerre, pour la reconstruction des ports, pour la modernisation et l'accroissement de l'outillage national).

Il n'existe pas de chômage, mais au contraire un appel de main-d'œuvre dans les industries de la mécanique, de l'aviation et dans les mines.

La rentrée des ouvriers étrangers qui est en progression constante : 4.248, premier trimestre 1928, 22.238, deuxième trimestre; 35.772, troisième trimestre, montre ce besoin de main-d'œuvre et la tendance est à augmenter encore la main-d'œuvre étrangère. *L'Usine* reproduisait l'opinion suivante d'un industriel : « *La main-d'œuvre française étant malheureusement réduite et l'industrie étant devenue plus importante, il n'y a que des avantages à laisser entrer une main-d'œuvre étrangère complémentaire qui permette de développer la production des usines dont les ouvriers français sont les premiers à profiter.* » Négligeons cette appréciation sur les « profits » des ouvriers français, pour souligner que le problème du développement de la production est conditionné actuellement aux disponibilités en main-d'œuvre.

La situation financière

La stabilisation légale du franc n'a pas eu de grosses répercussions sur la vie économique en dehors d'une forte poussée de vie chère que nous avions prévue.

Le budget de 1929 est équilibré. Celui de 1928 accuse un excédent de 3 milliards de francs.

La situation de la Banque de France est solide. L'encaisse or atteint 33 milliards 983 millions et les devises étrangères détenues 30 milliards 553 millions. C'est-à-dire que la couverture des billets en circulation et des engagements à vue est assurée à concurrence de 79 %, alors que le minimum obligatoire est de 35 %. C'est la plus forte réserve après les Etats-Unis et de l'avis général, il est impossible de trouver dans le monde entier (sauf l'Amérique) un établissement financier offrant plus de garanties.

Malgré cette bonne conjoncture et cette situation financière favorable, de grosses inquiétudes se manifestent dans les milieux industriels et gouvernementaux.

Des difficultés qui ont leur répercussion directe sur les prix de revient, c'est-à-dire sur la question des marchés, se produisent. C'est d'abord l'écrasante fiscalité qui pèse sur le commerce et l'industrie, fiscalité qui dépasse de plus de 20 fois sa valeur d'avantguerre. La refonte fiscale promise entraînera la recherche d'autres ressources pour maintenir l'équilibre d'un budget qui atteint 55 milliards et qui augmentera certainement encore dans les années prochaines. Le *Temps* indique « *que les dépenses n'atteignent pas encore cette année leur maximum.* »

Si le budget est stabilisé sur le papier, il ne l'est donc pas dans l'établissement de ses ressources normales. Les remaniements fiscaux promis diminueront sans doute les charges des propriétaires, industriels et commerçants, mais en aggravant celles des travailleurs par l'augmentation des impôts indirects.

Un autre sujet d'inquiétude, c'est la dette extérieure de 175 milliards de francs (dont 10 milliards des stocks américains à payer en août) à laquelle il faut ajouter la dette intérieure de 275 milliards de francs. Ces dettes grèvent lourdement le budget et les seules charges de la dette intérieure absorberont la moitié des ressources de l'année : 30 milliards 173 millions d'après le rapporteur de la Chambre.

La question du règlement des dettes

Poincaré a été maintenu au pouvoir par la grande bourgeoisie pour solutionner le problème des réparations allemandes et des dettes extérieures. Ce problème au premier chef politique est des plus importants et l'*Information Financière* écrivait dernièrement que « *le premier semestre de 1920 se plaçait sous le signe de l'intérêt financier et politique international de la France à sauvegarder* ».

Les problèmes à solutionner soit par le Comité des Experts, soit par les gouvernants, sont les suivants : la ratification des accords Mellon-Béranger et Churchill-Caillaux; la fixation définitive de la dette allemande et du nombre des annuités de réparations pour l'Allemagne, à laquelle se rattache la fixation de la commercialisation internationale de cette dette et la détermination de la liaison de fait pouvant exister entre les annuités allemandes et les annuités de la France à l'égard de ses créanciers anglais et américains.

Dans cette discussion, la France s'efforce de lier le règlement de ses dettes extérieures au règlement de la dette allemande. Et l'Allemagne s'efforce de rattacher à cette question l'évacuation de la Rhénanie et d'obtenir une réduction du montant de sa dette.

On peut prévoir que le règlement qui interviendra ne satisfera personne. D'ailleurs, cette révision du Plan Dawes a surtout son origine dans une aggravation des contradictions entre impérialistes que la Commission des Réparations ne pourra certainement pas résoudre.

En réalité, les discussions actuelles se rattachent à la lutte de plus en plus âpre entre les créanciers anglo-français et l'Amérique et aussi à la constitution d'un front des puissances européennes dirigé à la fois contre l'Amérique et contre l'Union Soviétique. L'Angleterre — maintenant alliée à la France — s'efforce dans cette question des réparations de jouer avec l'Allemagne, contre l'Amérique, et de l'entraîner, grâce à des promesses sur la Rhénanie, à rompre avec l'Union Soviétique et à s'enrégimenter dans le bloc anti-soviétique.

Le manque de capitaux d'investissement

Une autre difficulté rencontrée par l'industrie, est le manque de capitaux d'investissements, malgré que la masse disponible atteigne le niveau d'avant-guerre (7 milliards francs-or).

Il faudrait à l'industrie des capitaux prêtés à long terme. Or, la cherté du loyer de l'argent limite les placements industriels et les charges fiscales qui pèsent sur les transactions les restreignent également.

Le gouvernement, par un nouvel aménagement de sa fiscalité, par le dégrèvement prévu des valeurs mobilières et grâce à la politique d'amortissement qui va être poursuivie par la caisse autonome, va s'efforcer d'améliorer ce financement de l'industrie sans lequel la rationalisation ne pourrait pas être menée à bonne fin.

Mais c'est là un cercle vicieux! La diminution de certaines charges fiscales en entraînant une augmentation des impôts indirects qui pèseront plus lourdement sur les travailleurs déterminera une sous-consommation et par voie de conséquence un rétrécissement du marché intérieur.

L'état de la balance commerciale

Une autre inquiétude de la bourgeoisie, c'est la balance commerciale passive.

Si les importations sont restées à peu près au même niveau qu'en 1927 (53 milliards 448 millions contre 53 milliards 49 millions en 1927), par contre les exportations sont en recul de 3 milliards 578 millions (51 milliards 346 millions contre 54 milliards 924 millions en 1927).

Cependant, il n'y a pas ralentissement du marché extérieur puisque les exportations *en poids* augmentent de 3 millions 96.000 tonnes (41 millions 80.629 tonnes contre 37 millions 994.267 tonnes en 1927).

Ce déficit de plus de 3 milliards de francs provient de l'abaissement consenti sur les prix de ventes à l'étranger par les industriels dans le but de conserver les marchés. C'est sur les matières premières que ce déficit porte puisque ayant augmenté en poids de 2 millions 854.000 tonnes sur 1927, elles ont baissé en valeur de 3 milliards 775 millions.

Cela souligne toujours l'âpreté de la lutte pour les marchés et l'importance que revêt la question de la diminution des prix de revient.

Bien que comme l'a déclaré Poincaré, « *une balance commerciale passive soit un danger pour l'équilibre du budget et la solidité du franc* », le déficit de 1928 (se chiffrant à 2 milliards 102 millions de francs contre un excédent de 1 milliard 875 millions en 1927), ne peut avoir de grosses répercussions sur la situation financière.

Le danger est ailleurs. La balance révèle que l'industrie exporte davantage de matières premières et de produits fabriqués et que la valeur reçue en échange diminue. L'industrie vend donc avec profit diminué, et c'est ce que souligne la presse unanime en déclarant que « le commerce extérieur est au point limite ».

Mais comment peut-on envisager la diminution des prix de revient quand le coût de la vie devient de plus en plus cher?

Le coût de la vie

Depuis la stabilisation du franc, le coût de la vie n'a cessé d'augmenter. L'indice des prix de gros, qui était de 607 en décembre 1927, a atteint 637 en décembre 1928 et 644 en janvier 1929, soit une augmentation de 37 points en une année.

Dans le même temps, l'indice des prix de détail est passé de 500 à 599, soit une hausse de plus de 20% en une année.

Les impôts restant écrasants, une augmentation prochaine des loyers étant en perspective et l'augmentation des denrées agricoles, par suite de la mauvaise récolte, étant incertaine, il n'y a pas de possibilités d'amélioration immédiate.

Cette poussée de vie chère, qui est due en grande partie à l'augmentation des produits alimentaires, qui sont passés en une année de 532 à 595, se continuera au moins jusqu'à la prochaine récolte et aura des répercussions sensibles sur les produits industriels, dont la hausse s'accentue également.

La montée des prix intérieurs

Depuis plusieurs mois, la tendance à la montée des prix intérieurs est signalée dans toutes les revues économiques. *L'Usine* sonne l'alarme en ces termes : « *Le mouvement des prix en décembre, que nous publions dans notre édition principale, confirme la tendance de la hausse sur laquelle nous avons à plusieurs reprises attiré l'attention des industriels. Il ne semble pas, malheureusement, que cette montée ait atteint son point culminant. La tendance à la hausse s'accentue dans presque tous les compartiments, en particulier dans les matières premières, entraînant ainsi une augmentation prochaine des produits transformés et fabriqués. De plus en plus, les prix de revient français se rapprochent des prix mondiaux, et l'année 1929 pourrait bien voir se poser, pour nos industries nationales, le redoutable problème des débouchés, tant à l'intérieur qu'à l'extérieur.* »

Un examen des indices mondiaux permet de vérifier les appréhensions de *L'Usine*. L'indice or des prix de gros, qui était de 126 en janvier, est passé à 130 en novembre 1928. L'indice des autres pays étant le suivant : Angleterre, 143; Allemagne, 140; États-Unis, 150.

Les indices des métaux, qui intéressent plus particulièrement notre industrie exportatrice, sont les suivants : France 120, Amérique 124, Angleterre 132, Allemagne 133. Ainsi, nos prix intérieurs se rapprochent de plus en plus des prix mondiaux, alors que les industries, pour conserver les marchés, vendent déjà avec profit diminué et au moment où la concurrence se fait de plus en plus féroce.

Ainsi, en face de la bonne conjoncture actuelle, se dressent de nouvelles difficultés et toujours les mêmes problèmes à résoudre : maintien des marchés, conquête de nouveaux, et diminution des prix de revient.

Comme cette conjoncture meilleure a été obtenue au prix d'une exploitation renforcée des masses, par de lourds impôts et par la vie de plus en plus chère, la résistance ouvrière devient plus vigoureuse, les grèves se multiplient, la radicalisation des masses se développe. C'est là aussi un des plus grands obstacles à la politique de rationalisation de la grande bourgeoisie.

La situation du marché intérieur

Dans ces conditions, l'amélioration du marché intérieur peut-elle être durable?

Les commandes passées par l'Etat et par les grandes administrations (chemins de fer, communes), ainsi que par l'industrie pour sa rationalisation, feront qu'en 1929 le tonnage du marché intérieur dépassera sans doute celui de 1928. Mais il faut signaler qu'une grande partie de ces commandes ont pour but l'accroissement de l'outillage et la rationalisation de l'industrie. Le résultat en sera une augmentation de la capacité de production.

Le marché intérieur, comme le marché colonial, est de plus en plus disputé par la concurrence étrangère, et les prestations en nature le réduisent encore. Il sera, dans la perspective, encore limité par suite de la vie toujours plus chère qui entraîne une sous-consommation des masses. Donc, ni le marché intérieur, ni le marché colonial ne peuvent permettre au capitalisme d'échapper au problème des marchés extérieurs, et *L'Usine* souligne très justement que « *la bonne situation du marché intérieur masque momentanément l'acuité grandissante des marchés extérieurs* ».

La crise française dans le cadre de la crise mondiale du capitalisme

On peut encore mesurer l'importance des difficultés qui atteignent le capitalisme dans tous les pays par les crises qui s'y produisent.

Prenons les principaux pays : *En Allemagne*, mauvaise conjoncture, les industries principales sont dans une courbe descendante. Il existe près de 2 millions de chômeurs, les grèves et les lock-outs se multiplient; après la Ruhr, c'est maintenant en Saxe Occidenalle et en Thuringe. *En Angleterre*, la situation économique, bien que marquant un certain redressement, reste difficile. L'économie en général est en déclin, et le marasme continue dans les houillères, les mines de fer et le textile. Le nombre des chômeurs dépasse celui de l'année dernière et atteint 1.400.000. *L'Amérique*, malgré sa prospérité apparente, et en raison de celle-ci, traverse une crise due à sa surproduction. La rationalisation poussée à l'extrême entraîne une réduction de la main-d'œuvre et des conflits sociaux. A ce propos, le *Temps* indique « *qu'à mesure que se développe le machinisme, le nombre des ouvriers nécessaires diminue, et, à moins que de nouvelles industries ne se créent, l'augmentation du nombre de chômeurs est inévitable. Le nombre des ouvriers d'usines avait déjà baissé en 1926 de 8 % par rapport à 1923 et de 15% par rapport à 1919. Le problème ouvrier doit se poser dans les années à venir* ». En réalité, le problème ouvrier est déjà posé d'une façon aiguë, puisque le nombre des chômeurs dépasserait 4 millions et que les grèves se multiplient.

Il est certain que ces crises dans les divers pays réagissent les unes sur les autres. Par exemple, les difficultés rencontrées par l'industrie allemande par suite de l'occupation de la Ruhr, de la Rhénanie, du lock-out wesphalien, des grèves, etc..., et le déclin de l'industrie charbonnière anglaise ont favorisé pendant toute une période l'industrie française. Mais aujourd'hui, le relèvement partiel de l'industrie anglaise, le développement de l'économie allemande, malgré les crises, et la concurrence américaine qui s'organise dans le monde entier, handicapent de plus en plus l'industrie française.

Cette inégalité de développement du capitalisme indique la précarité d'une bonne conjoncture dans un pays donné.

Dans tous les pays, il y a une production accrue et en développement et une consommation générale limitée. Le problème des débouchés est donc dans tous les pays au premier plan des préoccupations.

Et cette politique de conquête des marchés poursuivie par tous les gouvernants capitalistes a pour conséquences : un développement des contradictions intérieures et un aiguisement de la lutte des classes, une aggravation des contradictions extérieures qui entraînent une menace croissante des dangers de guerre impérialiste et une course générale aux armements. Cette politique indique également une volonté tenace des impérialistes de se débarrasser de l'État soviétique par la guerre, dans le but d'écraser ce danger grandissant contre le régime capitaliste et de s'ouvrir son immense marché.

C'est la politique que poursuit l'impérialisme français dans cette situation internationale. Pour lui, comme pour les autres, le problème des marchés « est une question de vie ou de mort », ainsi que l'écrit *L'Usine*.

Si l'État a surmonté assez aisément ses difficultés financières, il se trouve en face de difficultés beaucoup plus grandes déterminées par l'accroissement des forces de production et par la nécessité d'écouler une production en augmentation constante.

Gouvernants et capitalistes croient pouvoir solutionner le problème des marchés par la diminution des prix de revient. Ils recherchent cette diminution par la rationalisation s'effectuant à la fois par l'amélioration de l'outillage et l'organisation du travail à la chaîne dans le but d'augmenter le rendement individuel, cependant qu'ils s'efforcent de maintenir les salaires au taux le plus bas possible.

Les conséquences d'une telle politique sont du côté du prolétariat : une accentuation de la lutte des classes, qui se manifeste actuellement par un développement des grèves pour l'augmentation des salaires; une radicalisation des masses qui entraîne une séparation de plus en plus nette du prolétariat révolutionnaire d'avec les éléments petits-bourgeois et social-démocrates qui collaborent avec la bourgeoisie.

Du côté du capitalisme et des gouvernants : une répression accrue dans les usines contre les ouvriers révolutionnaires et contre les organisations révolutionnaires, le dépôt de lois superscélérates, la poursuite de la suppression de la presse révolutionnaire et de la mise de notre Parti hors la loi.

La politique de la bourgeoisie, les regroupements de classe et de parti

C'est pour exécuter cette politique que la grande bourgeoisie a placé au pouvoir, depuis août 1926, un gouvernement à elle.

Cette grande bourgeoisie, dont la force économique s'est décuplée par rapport à l'avant-guerre et qui vise la suprématie politique complète, est parvenue, grâce à l'Union Nationale, à se rendre maîtresse du pouvoir. Cette Union Nationale ne peut pas être considérée seulement comme une formation parlementaire, puisqu'elle a entraîné dans sa politique la plus grande partie de la petite-bourgeoisie et une partie du prolétariat, ainsi que les partis de gauche et social-démocrate qui représentent ces couches sociales.

Il s'est donc produit, ces dernières années, de nouveaux rassemblements politiques déterminés par les transformations et les regroupements économiques. La force à la fois économique et politique de la grande bourgeoisie n'a cessé de croître cependant que la petite bourgeoisie accuse un recul constant.

Son intégration à l'Union Nationale n'est pas, comme certains le disent, « accidentelle et provisoire », et seulement un phénomène parlementaire passager, en réalité une grosse partie de la petite-bourgeoisie est liée à la grande par ses intérêts, par le sentiment de la propriété et de la défense commune contre la classe ouvrière qui de plus en plus se développe et s'organise comme force de classe.

Certaines couches ruinées ou appauvries de la petite-bourgeoisie et de la paysannerie, qui étaient au fond hostiles à l'Union Nationale dès sa création, se sont orientés plus à gauche. Dans leur majorité, ces couches se trouvent maintenant dans la zone sympathisante du Parti socialiste, une partie y ayant adhéré croyant qu'il était un véritable Parti d'opposition à la grande bourgeoisie.

D'autres couches de la petite-bourgeoisie et de la paysannerie, mécontentes des lourdes charges fiscales, des menaces faites à la laïcité et des dangers de guerre grandissants, se livrent à une opposition à l'Union Nationale en réclamant des allègements fiscaux, des garanties en ce qui concerne le respect des lois laïques et la question de la paix. Elles ne font pas une opposition fondamentale au programme de la grande bourgeoisie, mais seulement à certains points de sa politique.

Mais cette opposition a déterminé un certain rétrécissement de la base de l'Union Nationale. Quant à la politique de celle-ci, elle s'est encore renforcée par suite de la plus forte prédominance des éléments de la grande bourgeoisie dans le gouvernement, dans les organisations économiques et les grandes commissions.

Le Congrès radical-socialiste d'Angers, par son programme minimum en six points et par sa manœuvre contre le gouvernement Poincaré, a reflété cet état de mécontentement des couches petites-bourgeoises et paysannes. Les politiciens radicaux s'en sont servi contre le gouvernement, mais cela s'est retourné contre eux et a entraîné leur élimination du pouvoir. Depuis, l'opposition du groupe radical-socialiste à la Chambre est intermittente. A diverses reprises, il a tenté, avec l'appui du Parti socialiste, de faire tomber le gouvernement. Il ne faut pas voir là une volonté du Parti radical-socialiste d'opposer au programme de la grande bourgeoisie un autre programme et de faire une politique opposée, mais simplement le désir de revenir au gouvernement. En effet, le Parti radical-socialiste, qui représente à la fois les éléments de la petite-bourgeoisie intégrés à l'Union Nationale et ceux qui font une opposition à sa politique, ne peut avoir un autre programme et faire une autre politique que celle de l'Union Nationale. Ce Parti, qui ne parvient pas à se discipliner, qui comporte diverses nuances politiques, qui se morcelle en dépit de toutes ses décisions d'unanimité, reflète parfaitement les courants qui se manifestent au sein de la petite-bourgeoisie et de la paysannerie, les oscillations constantes de celles-ci entre le prolétariat et la grande bourgeoisie et l'orientation toujours plus prononcée de ces couches vers la collaboration avec la grande bourgeoisie.

Dans sa majorité, le Parti radical-socialiste ne conserve plus qu'un vernis de gauche, et s'il spécule encore avec les formules de la « démocratie » et du « bloc des gauches », c'est pour rassembler sa clientèle électorale, qui conserve toujours des traditions « républicaine » et qui aime les affirmer tout en pratiquant le plus souvent une politique réactionnaire; c'est aussi pour continuer à jouer un rôle politique et conserver une partie du pouvoir.

La grande bourgeoisie, dans la mesure où cela n'entrave pas la réalisation de son programme, utilise la collaboration gouvernementale radicale-socialiste, qui lui permet de masquer sa politique réactionnaire sous le manteau de la démocratie et de perpétuer les illusions « démocratiques » au sein des masses.

Le rôle de la social-démocratie

Pour les mêmes raisons, et pour tromper le plus grand nombre possible d'ouvriers sur ses véritables buts, la grande bourgeoisie utilise la collaboration de la social-démocratie et pratique, en liaison avec elle, une politique de pseudo-réformes, d'œuvres et de lois sociales qui permet aux réformistes de justifier aux yeux des masses leur collaboration avec la bourgeoisie.

La partie du prolétariat qui suit ou sympathise avec le Parti socialiste et avec la vieille C. G. T. est donc entraînée dans le processus de rationalisation, de colonisation et de préparation à la guerre auquel participent les leaders de ces deux organisations réformistes.

Ainsi, l'Union Nationale, malgré le déplacement de sa majorité parlementaire et le semblant d'opposition radicale et socialiste, va toujours de l'extrême-droite aux socialistes et aux réformistes de la C. G. T. inclus.

Le Parti radical-socialiste, par son orientation politique véritable et par sa composition sociale même, est davantage le Parti de la grande bourgeoisie que celui de la petite-bourgeoisie et de la paysannerie.

Le Parti socialiste, qui a enlevé au Parti radical-socialiste une partie importante de sa clientèle électorale, qui s'est amputé de la fraction la plus révolutionnaire du prolétariat, est devenu, en raison de sa composition sociale à demi petite-bourgeoise et de son orientation toujours plus accentuée dans la collaboration avec la bourgeoisie, un « Parti ouvrier-bourgeois » qui s'installe dans le régime capitaliste et défend celui-ci contre la révolution prolétarienne. Le Parti socialiste ne s'attaque pas à la structure et à l'économie capitaliste; il défend le régime dans son ensemble au nom de « l'intérêt général de la nation ». Il le défend sous le prétexte de sauvegarder la « démocratie » et l'intégrité de la « République bourgeoise ».

Le seul régime que les socialistes attaquent, c'est celui des Soviets. Dans le *Populaire*, les leaders socialistes défendent la stabilisation financière et la rationalisation industrielle, c'est-à-dire la consolidation de l'économie bourgeoise, mais ils dénoncent tous les points faibles qu'ils peuvent découvrir dans l'économie soviétique, ils se réjouissent des difficultés que rencontre le gouvernement dans sa politique vis-à-vis de la paysannerie, ils annoncent périodiquement, avec toutes les officines contre-révolutionnaires, la fin prochaine du Bolchevisme.

Ils ne combattent pas la dictature du capital, mais seulement celle du prolétariat. Ainsi, le dernier appel de la II° Internationale est intitulé « Contre la dictature et pour la démocratie ». Il est habilement dirigé contre la dictature fasciste et la dictature bolcheviste, qui y sont dénoncées à égalité contre des « régimes de terreur » et des « dangers énormes pour la paix mondiale ».

D'après les social-démocrates, ce ne sont pas les puissances impérialistes France, Allemagne, Angleterre qui menacent la paix et asservissent les travailleurs; ces puissances sont présentées par eux comme « des pays démocratiqeus où les travailleurs possèdent une liberté de mouvement politique ». On voit par là leur intégration totale au régime capitaliste.

Les preuves de cette intégration sont nombreuses. [...] ard, comme le fasciste Paul Reynaud, se sont tous deux, à [...] me de la Chambre, revendiqués de la politique de Poinca[...]. invitant à choisir sa majorité. Tous deux se sont prononcés pour un gouvernement à poigne, « un gouvernement qui gouverne ». Paul-Boncour est également pour un tel gouvernement, quand il déclare, dans l'*Œuvre* : « *Surtout, affirmons la volonté de gouverner; on en a tellement perdu l'habitude. Ayant solidement constitué l'Etat moderne en donnant une expression légale aux groupements qui le composent, sociaux, économiques et même spirituels, revendiquons hautement pour lui le droit de briser tout individu et tout groupe qui prétend substituer sa volonté à la sienne, exercer une influence occulte non délimitée par la loi.* » Et Paul-Boncour demande instamment la participation du socialisme à ce gouvernement.

Cette collaboration toujours plus étroite du socialisme et du réformisme permet au gouvernement d'appliquer une double politique : de répression accrue contre le mouvement révolutionnaire, de rapports plus intimes avec le mouvement réformiste.

La politique patronale et gouvernementale de pseudo-réformes et d'œuvres sociales sert de trait-d'union entre capitalistes et gouvernants, Parti socialiste et C. G. T., et les couches ouvrières et petites-bourgeoises qui suivent ces organisations.

Ce trait-d'union est devenu organique par la collaboration au B. I. T., au Conseil National Economique, aux commissions paritaires, etc... Cette collaboration est appréciée par la bourgeoisie, et l'*Information Financière* l'exprime dans ces termes : « *On a vu notamment au C. N. E. les deux clans théoriquement ennemis du Capital et du Travail délibérer très calmement en commun se communiquer leurs suggestions et leurs revendications réciproques et aboutir à des conclusions communes, c'est-à-dire à une conception unique de l'intérêt économique général. Il a suffi, pour cela, de quelques personnalités de haute valeur et de grande bonne volonté, notamment des hommes comme M. René Duchemin, président de la Confédération Générale de la Production Française, ou comme M. Jouhaux, Secrétaire général de la Confédération Générale du Travail.* »

A ce C. N. E., le socialiste Gaston Lévy a rapporté sur « La crise de l'Epargne et le Financement industriel ». Et Poincaré a rendu hommage à ce travail, qui a pour but de « *transformer l'épargne de précaution en épargne d'investissement dans l'industrie* ».

Le C. N. E. s'est prononcé également pour la création d'un Conseil Supérieur de l'Air. Et MM. Jouhaux, Lévy et Poisson ont voté, avec les capitaines d'industrie, en faveur de ce Conseil de l'Air, qui secondera utilement le Ministre de l'Air, dont le socialiste Renaudel est le rapporteur du budget à la Chambre.

La C. G. T. n'a cessé de défendre la rationalisation capitaliste, et ses leaders au C. N. E. préconisent l'organisation du travail sur la base de la journée de huit heures. Or, le patronat s'oriente de plus en plus vers le système de la journée anglaise, qui comporte huit heures sans interruption. Le but est d'augmenter encore la productivité du travail sans augmenter les salaires et en économisant sur les frais généraux (consommation d'éclairage, de chauffage, etc...).

Cette politique de paix industrielle pratiquée par la social-démocratie s'accompagne d'une lutte accentuée de celle-ci contre le prolétariat révolutionnaire et contre le communisme, qui seconde admirablement la répression patronale et gouvernementale. Une illustration de cette politique a été la trahison réformiste au cours des grèves du Nord, de la Loire et du Gard et les méthodes réformistes et leurs conséquences en seront soulignées dans le rapport spécial sur cette quesiton.

Il faut signaler toutefois que, pendant les grèves et après leur torpillage, les chefs réformistes se rencontrent avec patrons et gouvernants et obtiennent presque toujours quelques satisfactions qui leur permettent de justifier leur attitude devant les ouvriers qui les suivent.

Il n'y a pas seulement que les social-démocrates qui prêchent la collaboration, mais aussi les représentants de la bourgeoisie au gouvernement. Dans un récent discours, Loucheur a prêché « l'alliance du Capital et du Travail ». Il l'a fait en combattant les Comités d'usines au travers de l'expérience allemande et en préconisant la « Conciliation obligatoire » pour régler les conflits entre ouvriers et patrons. La C. G. T. et le Parti socialiste, en complet accord avec Loucheur, prêchent également l'arbitrage obligatoire. La *Journée Industrielle* écrivait récemment que le projet déposé à la Chambre « *s'inspire visiblement du propre projet de la C. G. T. que la revue syndicaliste L'Atelier publiait dans son numéro de novembre dernier* ».

Bien que ce projet de « paix sociale » n'ait pas l'approbation de tous les représentants de l'industrie, son but ne peut tromper personne. A ce propos, le récent arbitrage du lock-out de la Ruhr par le socialiste Severing peut nous éclairer. D'après *l'Avenir du Comité des Forges*, la sentence arbitrale de Severing se résume « *pour les ouvriers, à des satisfactions portant sur la forme, et, pour les patrons, à des satisfaction portant sur le fond.* » Et *l'Avenir* ajoute : « *En fixant la durée du nouveau règlement à dix-huit mois, M. Severing entre dans les vues des industriels, qui réclament une certaine stabilité dans le régime des salaires.* » On comprendra que cette « stabilité durable » du régime des salaires est nécessaire pour rationaliser en toute sécurité.

La C. G. T. est encore d'accord avec Loucheur, quand il propose la participation aux bénéfices par des « actions du travail » et l'application des lois sociales (assurances sociales, huit heures, etc...), dans le but d'obtenir une collaboration plus étroite du Capital et du Travail et de faire marcher, comme l'indique Loucheur, « *l'économie capitaliste dans la voie tracée par l'Amérique* », cette politique se réalisant grâce au développement de la rationalisation. C'est encore là ce que demandait au nom du gouvernement le rapporteur du budget, M. Chapedelaine, qui écrivait dernièrement : « *Dans la grande République américaine, où la lutte des classes n'existe pas, l'ouvrier est devenu l'un des co-propriétaires des ateliers et de l'usine. Il faut que, peu à peu, chez nous, il en soit de même et que le jour arrive où l'ouvrier regagnant son usine ne regarde plus le haut fourneau avec l'œil hostile que devait avoir le serf de jadis pour le donjon seigneurial. Il ne s'agit pas ici de ces « actions de travail » mises à la disposition du syndicat ouvrier et qui ne donnent droit à aucun dividende et ne comportent seulement que la possibilité de je ne sais quel contrôle de gestion, mais d'actions qui sont exactement les mêmes que celles de tous les actionnaires et avec les mêmes dividendes et*

*les mêmes avantages. Les travailleurs seront ainsi étroitement asso-
ciés aux entreprises patronales. »*

C'est cela qu'accepte la C. G. T. et que le socialiste Spinasse
défend au nom de son Parti.

On peut voir par là ce que gouvernants et capitalistes, en collaboration avec les social-démocrates, entendent tirer de l'arbitrage obligatoire et de lois sociales telles que les assurances sociales.

Les assurances sociales, instrument de la "paix industrielle"

Les assurances sociales, comme l'arbitrage obligatoire, constituent une loi de « paix industrielle » qui engendrera les plus grandes illusions. Elle resserra la collaboration avec les organisations
réformistes. On peut donc la considérer comme une menace contre
le mouvement révolutionnaire et contre la C. G. T. U. (l'inscription
aux caisses primaires est une arme entre les mains du patronat et
des gouvernants qui connaîtront ainsi l'organisation syndicale des
ouvriers inscrits).

Cette loi peut devenir plus dangereuse pour le mouvement ouvrier révolutionnaire que la répression brutale contre le prolétariat en raison des illusions qu'elle va faire naître. Elle est un
anneau de plus à la chaîne avec laquelle la bourgeoisie s'efforce
de s'attacher le prolétariat en l'éloignant de la lutte des classes. Si
nous devons utiliser cette loi, nous devons en dénoncer le véritable
caractère et faire face au renouveau d'illusions que les lois et œuvres sociales ne manqueront pas de créer.

Par exemple, si dans le Nord nous devons tenir compte de
l'influence de la social-démocratie, nous devons également tenir
compte des répercussions des œuvres sociales patronales en plein
développement.

Ainsi, le Consortium textile, avec son service allocations-mala-
dies, qui avait en 1924 14.718 adhérents, en a, en 1928, 96.170 et,
toute la famille étant bénéficiaire, cela fait 250.000 assistés au minimum. Pour les allocations journalières, les résultats, qui étaient
en 1924 de 15.400, sont, en 1928, de 129.045. La dépense, qui était
de 163.402 francs, est, en 1928, de 1.140.783 francs. Et, à cet effort
patronal il faut encore ajouter le soutien des sociétés mutuelles,
musicales, sportives, etc...

Cela nous montre l'importance de nos tâches d'agitation et
surtout d'organisation et en particulier, dans la journée ouvrière
par l'organisation des jeunes dans les associations sportives, musicales, mutuelles et autres, où les jeunes ouvriers seront sous notre
influence.

Le développement de l'action ouvrière et l'attitude du Parti

Malgré cette offensive combinée et aux aspects divers de la
bourgeoisie et de ses soutiens réformistes, malgré la répression
accrue contre les ouvriers révolutionnaires et leurs organisations
de classe, la classe ouvrière entre de plus en plus en lutte pour
l'augmentation des salaires et contre la rationalisation. Elle se
range derrière la C. G. T. U., qui maintenant dirige la grosse majorité des grèves. Ainsi, le *Bulletin Quotidien* du Comité des Forges
constate que les grèves en croissance ont été provoquées ou exploi-
tes par le Parti communiste et les syndicats unitaires, qui, dit-il,
« ont décidément pris la direction de l'agitation ouvrière ».

Il est exact que de plus en plus la C. G. T. U. prend la direction de l'agitation et que notre Parti joue davantage son rôle d'avant-garde, mais tout n'est pas encore pour le mieux.

Le rapport spécial sur cette importante question des grèves montrera, en développant davantage, que notre Parti et la C.G.T.U. ont encore beaucoup de faiblesses et commettent pas mal de fautes dans la préparation et la direction dés grèves; que les cadres syndicaux communistes ne sont pas toujours à la hauteur de leurs tâches et que leur pessimisme les place trop souvent à la remorque des masses; que les illusions sur le rôle de la social-démocratie sont encore vivaces, même au sein de notre Parti, et que cela entraîne de graves fautes dans le travail de front unique avant et pendant la grève et dans la direction de celles-ci; qu'il existe toujours une sous-estimation du véritable rôle politique joué par la social-démocratie du sommet à ses cadres de base et une sous-estimation de son influence réelle dans certaines régions.

En résumé, on peut dire que ce sont ces illusions, cette fausse appréciation du rôle et de l'influence de la social-démocratie, qui avaient entraîné certains camarades à faire des réserves sur la tactique classe contre classe, qui a déterminé des fautes graves de conséquences dans les grèves. Par exemple, dans le Nord, une sous-estimation de l'influence de la social-démocratie et une méconnaissance du rôle véritable qu'elle joue actuellement. Dans la Loire, une même sous-estimation qui poussa à la traiter par le mépris et à négliger le travail de front unique. Et dans le Gard, des illusions sur sa « sincérité » qui entraînèrent une fausse appréciation de son rôle véritable dans les grèves.

Enfin, soulignons que les tâches d'organisation pour la préparation et dans la grève (comités de grèves, piquets de grèves, création de comités d'usines, renforcement des syndicats et du Parti) ont été le plus souvent négligées. Cela entraîna une perte de contact avec les ouvriers inorganisés au lendemain de la grève et parfois au cours de celle-ci.

Cette méconnaissance du travail parmi la masse des inorganisés dans laquelle il faut comprendre pour une large part les femmes, les jeunes, la main-d'œuvre étrangère, est avant tout due à une mauvaise compréhension de la tactique et de l'application du front unique à la base.

Tous ces faits seront plus largement développés avec leurs conséquences dans le rapport spécial pour mieux souligner que notre politique classe contre classe doit se réaliser dans la tactique quotidienne et s'appliquer à toutes les conditions de la lutte des classes. Ces précisions sur l'application de notre tactique classe contre classe sont d'autant plus nécessaires que trop de camarades ne l'examinent que d'un point de vue purement électoral.

Cela a entraîné, lors de l'élection de Puteaux : 1° à distinguer entre Torrès et le Parti socialiste, en raison de ce que ce dernier ne lui avait pas accordé l'investiture officielle; 2° à ne pas souligner suffisamment la politique du Parti socialiste, notamment dans le premier numéro spécial; 3° à lancer des mots d'ordre faux, comme celui de la lutte pour la paix dans le deuxième numéro spécial.

Nous devons également reconnaître que ces fautes n'auraient été commises si une direction plus solide avait été désignée pour cette campagne qui revêtait une importance nationale, et si la Direction du Parti avait exercé son contrôle permanent.

Notre politique et notre tactique aux élections municipales

Nous devons donc, pour éviter le retour de ces fautes, déterminer clairement notre tactique classe contre classe aux élections municipales. Nous avons déjà apporté quelques précisions dans notre réponse à la proposition de l'Union Socialiste-Communiste. Complétons celles-ci : notre Parti se présentera aux élections municipales avec son programme politique, qui comportera un programme municipal. Il proposera le front unique et son organisation permanente dans les Comités d'entreprises pour les usines et dans des *Comités de paysans travailleurs* pour les campagnes.. Comme les comités d'entreprises permanents sont le plus souvent basés sur une ou plusieurs revendications immédiates de l'usine, qu'ils ne peuvent pas être considérés comme des organismes électoraux et peuvent même repousser le programme de front unique particulier aux élections municipales, nous devons proposer la création de groupes du Bloc Ouvrier et Paysan à l'usine et localement. Cette création ne devant pas empêcher la constitution avant, pendant et après les élections de Comités d'entreprises, mais au contraire y aider.

Les propositions de front unique que nous ferons comprendront : 1° des revendications politiques générales pouvant être acceptées par tous les ouvriers révolutionnaires (défense de l'U. R. S. S., lutte contre les lois militaires, lutte contre l'Union Nationale, etc...); 2° des revendications immédiates des ouvriers des usines de la localité; 3° la création et le soutien de Comités d'entreprises dans les usines.

A la base de ce programme, le front unique devra se réaliser : par la constitution à l'usine de groupes du Bloc Ouvrier et Paysan rassemblant tous les travailleurs, et par la constitution de groupes locaux du B. O. P. Les ouvriers ainsi groupés constitueront L'ASSEMBLÉE LOCALE DU BLOC OUVRIER ET PAYSAN, qui désignera les candidats et nommera un *Comité restreint* pour diriger le travail.

Quand ce front unique n'est pas réalisé, alors notre Parti présente une « LISTE DU PARTI COMMUNISTE S. F. I. C. ».

Quand il se réalise avant le premier tour, à la base des propositions et de l'organisation du front unique telles qu'elles ont été fixées plus haut, la liste devient celle du « BLOC OUVRIER ET PAYSAN ».

Précisons maintenant notre attitude vis-à-vis du Parti socialiste : Au premier comme au second tour, notre Parti mènera la lutte sur son programme contre tous les partis bourgeois, y compris le Parti socialiste. Il maintiendra sa liste sans changements si le front unique permanent n'a pas été réalisé avant le premier tour.

Au cas où le front unique se réaliserait correctement par la création de Comités d'entreprises auxquels l'ensemble des ouvriers socialiste se présente à côté de la liste du P. C. ou du B. O. P., notre parti se désisterait au second tour pour celle-ci, si elle est la plus favorisée au premier tour. Mais, en aucun cas, on n'acceptera la constitution de listes du Bloc Ouvrier et Paysan avec des candidats socialistes proposés par les organisations S. F. I. O. Les candidats pour les listes du Bloc Ouvrier et Paysan devront être désignés par les assemblées générales du Bloc Ouvrier et Paysan, et nous n'accepterons pas de liste commune élaborée avec les organisations socialistes.

Cette tactique classe contre classe appliquée aux élections municipales n'est pas seulement dictée par l'attitude des socialistes en France, mais par la situation générale et la politique de la social-démocratie à l'échelle internationale.

D'ailleurs, les chefs socialistes, dans leur dernier Conseil National, ont une fois de plus donné la mesure de leur soumission au régime capitaliste et leur volonté de combattre le mouvement révolutionnaire. Ils ont entre autres déclaré « *qu'ils ne toléreraient aucun front unique avec le Parti communiste* ». Des éléments de droite, comme Renaudel, ont ouvertement préconisé le front unique avec la bourgeoisie contre nous. Renaudel a déclaré ne pas vouloir « miser sur deux tableaux » et il a choisi la bourgeoisie dite « démocratique » pour faire liste commune, de façon à battre « l'ennemi communiste ». Les chefs socialistes de droite comme de gauche sont au fond d'accord avec Renaudel, mais cette tactique, si elle était officiellement annoncée, démasquerait par trop la politique suivie par le socialisme. Paul Faure l'avoue en déclarant : « *J'ai peur de l'interprétation qu'on ferait de l'attitude préconisée par Renaudel. Je ne veux pas que cela puisse être exploité contre nous par les communistes.* »

En réalité, comme aux élections générales, les socialistes pactiseront avec la bourgeoisie contre nous, à l'exception de certains centres où ils doivent compter avec nos forces et notre influence. C'est pourquoi notre Parti doit partout rigoureusement appliquer la tactique « classe contre classe » et développer au maximum le travail de front unique en tenant compte : de l'influence de la social-démocratie sur les travailleurs dans les différents centre; de la masse des ouvriers inorganisés, qui doivent être entraînés dans la lutte quotidienne et que nous devons organiser; et, enfin, du travail à effectuer en vue du 1ᵉʳ Mai pour obtenir une bonne mobilisation des travailleurs sur nos mots d'ordre.

Campagnes de Mars et d'Avril et préparation du 1ᵉʳ Mai

Le 1ᵉʳ Mai prochain doit être préparé : 1° au travers des campagnes d'agitation qui auront lieu en mars; 2° au travers de notre campagne pour les élections municipales que nous développerons dans le mois d'avril. Les campagnes 11ᵉ anniversaire de l'Armée Rouge (23 février), 10ᵉ anniversaire de l'I. C. (4 mars), 12ᵉ anniversaire de la première révolution russe (12 mars), Semaine Internationale des Femmes (8 au 15 mars), Congrès International antifasciste (9-10 mars), anniversaire de la Commune (18 mars), doivent avoir comme point culminant, en mars, l'anniversaire de la Commune, à l'occasion duquel on célébrera la commémoration de la création de la première République des travailleurs. Mais toutes ces campagnes de mars, avec la campagne municipale d'avril, l'anniversaire de l'insurrection de la Mer Noire (12 avril) doivent converger vers une bonne préparation du 1ᵉʳ Mai.

Dans ce but, elles se poursuivront sur un plan unique, de février à mai, avec les mots d'ordre suivants :

1° Lutte contre la guerre impérialiste (explication de sa transformation en guerre civile; organisation d'une Journée Internationale contre la guerre impérialiste);

2° Organisation des masses pour la défense de l'U. R. S. S. (explication de ce que représente l'U. R. S. S., dénonciation du caractère des préparatifs de guerre contre elle);

3° Lutte contre l'Union Nationale, contre la rationalisation et la répression (par le développement des luttes pour l'augmentation des salaires et par une participation plus active des communistes à la préparation et à l'organisation de celle-ci);

4° Lutte énergique contre la social-démocratie (par la dénonciation de la politique actuelle du Parti socialiste, de sa droite comme de sa gauche et de la C. G. T. U. par une agitation en faveur de l'I. C. et de l'I. S. R., et une campagne d'adhésion au Parti communiste et aux syndicats unitaires;

5° Lutte pour l'unité de front des masses ouvrières et paysannes dans tous les pays et avec les peuples opprimés des colonies (par l'organisation du front unique permanent à l'usine, dans les comités d'entreprises);

6° Lutte pour la dictature du prolétariat (par une propagande pour les Soviets et pour le gouvernement ouvrier et paysan).

Tous ces mots d'ordre ne valent pas seulement pour la période de février à mai, mais pour toute une période d'activité de notre Parti.

Nous devons profiter de la préparation de notre Congrès National pour préparer dans le Parti ces diverses campagnes et organiser leur diffusion au sein des masses pour obtenir une bonne mobilisation de celles-ci, notamment au 1ᵉʳ Mai.

Congrès national et les 36 tâches du Parti

Une bonne préparation de notre congrès national demande une discussion approfondie à la base sur tous les problèmes politiques et tactiques, mais en même temps une application pratique des tâches permanentes de notre Parti. L'accomplissement de ces tâches permettra une réalisation des mots d'ordre développés plus haut et placera notre Parti à l'avant-garde dans les luttes immédiates, le fera paraître comme le seul parti capable d'entraîner le prolétariat à la lutte pour la prise du pouvoir et la dictature du prolétariat.

Voici les tâches principales que tous les communistes doivent se fixer :

1° *Se placer à la tête et développer la lutte des masses contre la guerre impérialiste, pour la défense de l'U. R. S. S. et contre les guerres coloniales.*

Dans ce but :

a) Combattre impitoyablement toutes les déviations de droite et les courants de sous-estimation des dangers de guerre au sein du parti.

b) Dénoncer le rôle actuel de la social-démocratie dans la préparation de la guerre (paix industrielle, loi Paul-Boncour-Renaudel, mobilisation industrielle, colonialisme, etc.).

c) Organiser la lutte pour les revendications immédiates au sein des usines par le dépôt des cahiers de revendications, par la section syndicale ou par le Comité d'usine.

d) Dénoncer systématiquement les préparatifs de guerre en France et dans les autres pays.

e) Poursuivre en commun avec les Jeunesses communistes un travail anti persévérant dans l'armée et la marine, parmi les conscrits et les réservistes.

f) Renforcer l'activité du Parti dans le travail colonial par le développement des organisations du Parti et des syndicats dans les colonies, par la création de ligues de Défense paysanne et par l'organisation des coloniaux dans la métropole.

2° *Préparer et diriger les luttes pour les revendications immédiates des travailleurs en liant celles-ci à la lutte contre l'Union*

Nationale, contre sa politique de rationalisation et de préparation de la guerre impérialiste.

Dans ce but :

a) Corriger les faiblesses et les fautes commises par les orgasations et les militants communistes des syndicats lors des dernières grèves.

b) Faire l'auto-critique publique de celles-ci ainsi que des militants qui faillissent à leurs tâches dans les grèves.

c) Accentuer le travail de front unique à la base par la création des comités d'entreprises et porter le plus grand effort vers les inorganisés, les jeunes, les femmes et la main-d'œuvre étrangère.

d) Dans les conflits, porter une attention particulière à la désignation des comités de grèves qui doivent être élus par l'ensemble des grévistes et être la représentation directe et fidèle de la masse des ouvriers en lutte.

3° *Améliorer et développer le travail syndical en poussant l'application des décisions du 4ᵉ congrès de l'I. S. R. et du 6ᵉ congrès de l'I. C.*

Dans ce but :

a) Combattre la tendance à faire jouer aux cellules le rôle des sections syndicales.

b) Améliorer le travail des communistes et des fractions communistes dans les syndicats. Poursuivre la création de ces dernières.

c) Combattre le bureaucratisme syndical, le pessimisme et le défaitisme de certains cadres syndicaux et pousser à la formation de nouveaux cadres.

d) Orienter le travail vers les grandes entreprises en s'efforçant de toucher la masse des inorganisés et de créer des sections syndicales.

e) Dénoncer vigoureusement la politique de paix industrielle et de trahison ouvrière pratiquée par socialistes et réformistes syndicaux.

f) Développer la lutte pour l'unité syndicale par un bon travail de front unique à l'usine obtenu par l'activité commune de la cellule et de la section syndicale (fraction de la section) en vue de la constitution des comités d'entreprises et de l'organisation des inorganisés.

4° *Renforcer l'organisation du Parti et la liaison avec les masses dans le but de faire obstacle à la mise du Parti hors la loi en devenant un parti de masse.*

Ces tâches d'organisation sont d'une telle importance qu'un rapport plus détaillé est donné en annexe.

Ce qu'il faut surtout signaler ici, ce sont les points essentiels sur lesquels l'ensemble du Parti doit apporter des remèdes urgents

Il serait vain et ridicule de dissimuler au Parti la baisse générale de ses effectifs, d'une façon continue depuis le congrès de Lille, malgré la hausse temporaire qui s'est effectuée à la fin de 1926.

La composition sociale de notre organisation est défectueuse. Le Parti n'est lié que d'une façon tout à fait insuffisante aux couches exploitées du prolétariat.

Notre organisation dans les usines est excessivement faible; le Parti est installé surtout dans les administrations et les usines à statuts du personnel. Les usines de l'industrie privée échappent dans leur immense majorité à l'influence directe et quotidienne de notre Parti. Les industries du textile et les produits chimiques.

la corporation des Ports et Docks échappent presque entièrement à notre influence organique.

Cela tient en premier lieu à ce que nos campagnes se font en général beaucoup trop à côté de nos cellules et à côté des usines. La campagne des élections législatives s'est faite presque exclusivement en dehors des usines. Ce sont l'*Humanité*, le groupe parlementaire et les leaders du Parti qui ont été les animateurs de la campagne. Les cellules, en tant que telles, ont fait peu de chose.

De même au cours des grèves écoulées, l'organisation de base du Parti n'a pas rempli le rôle qu'elle devait jouer.

Une seconde raison de la faiblesse du travail de nos cellules doit être recherchée dans la faiblesse et le peu d'aptitudes de nos comités à s'intéresser à diriger le travail dans les entreprises. La composition sociale des comités de rayons et de régions, la liaison insuffisante avec les cellules et les ouvriers au milieu desquels ils doivent mener leur action ne leur permet pas de saisir le sens de notre travail et la direction qu'il lui faut donner. C'est en effet seulement dans la mesure où nos cellules sauront effectuer leur travail politique quotidien, aidées par les comités, que nous remédierons à la désaffection des cellules.

Le Parti doit accentuer d'une façon systématique sa politique de formation de cadres. Cette politique doit consister surtout dans le développement du travail collectif à tous les échelons.

Il faut lutter avec vigueur contre les tendances bureaucratiques et de travail personnel des secrétaires de région et de rayon et contre la pratique de refoulement des meilleurs éléments ouvriers qui, intégrés dans les divers comités ou dans les sections de travail, auraient des possibilités de développement.

En conclusion, les tâches pratiques immédiates d'organisation peuvent se résumer dans les trois points suivants :

a) Le Parti doit s'efforcer de donner le plus rapidement possible un bilan exact de sa situation. Les régions en vue de leur conférence régionale doivent préparer un bilan complet et précis de l'organisation de leur région.

b) Des mesures immédiates doivent être prises pour remédier à la baisse générale des effectifs du Parti et à la mauvaise composition sociale de ces mêmes effectifs. Au cours des campagnes successives qui vont se poursuivre dans les semaines qui viennent (anniversaire de l'I. C., la semaine des femmes, l'anniversaire de la Commune, préparation du 1er Mai), l'effort le plus énergique doit être concentré sur le recrutement. Un effort tout à fait spécial doit être porté par nos régions dans les branches industrielles de la Métallurgie, des Produits Chimiques, du Textile et aussi dans les Ports et Docks. Une action parallèle doit être menée dans les fédérations syndicales de ces branches.

c) Les directions régionales doivent procéder immédiatement à la révision des comités (comités régionaux, comités de rayon) et assurer à ces comités une composition qui offre des garanties suffisantes pour une orientation politique juste et aussi pour un travail effectif dans les grosses entreprises.

d) Il faut combattre le courant de désaffection qui se manifeste à l'égard des cellules d'usines, s'orienter vers les grandes entreprises (industries de base en particulier). Développer le travail dans la masse des inorganisés par l'activité particulière du parti et par les organisations : C. G. T. U., S. R. I., A. R. A. C., S. O. I., Amis de l'U. R. S. S., et grâce à une réalisation méthodique du front unique.

e) Organiser tous les services et les liaisons du Parti en vue d'un fonctionnement immédiat en cas de mise de notre Parti ou de sa presse dans l'illégalité.

5° Aider les Jeunesses Communistes dans leur activité anti et leur travail dans la Jeunesse ouvrière.

a) Travailler en commun avec les organisations des Jeunesses communistes dans le but d'organiser la jeunesse ouvrière dans les syndicats, dans les associations sportives, dans les Amicales de conscrits.

b) Poursuivre un travail anti permanent avec les Jeunesses dans les comités anti mixtes.

6° Lutter énergiquement contre les déviations de droite et pour l'application de la véritable ligne Léniniste.

a) La politique et les tâches fixées plus haut ne pourront être réalisées correctement que si la lutte contre les déviations de droite est poursuivie vigoureusement de la base au sommet du Parti.

b) Cette lutte pour l'application de la ligne Léniniste suppose une large discussion, la réalisation d'une bonne démocratie intérieure par l'application effective des principes du centralisme démocratique, cela devant ajouter au renforcement de la discipline révolutionnaire au sein du Parti.

c) La constitution de directions solides à tous les échelons de la cellule au C. C. et à son B. P. doit s'effectuer comme le résultat de la discussion de tous les problèmes politiques et en vue de l'application sûre et vigoureuse de la ligne du Parti

ANNEXES

COMITÉ CENTRAL DES 9 ET 10 NOVEMBRE 1927

Lettre ouverte aux Membres du Parti

Voici le texte de la lettre ouverte que le C. C. a décidé d'adresser aux membres du Parti. Nous attirons tout particulièrement l'attention de tous nos militants sur l'auto-critique qu'elle contient et sur les tâches qu'elle détermine. Nous demandons qu'une large discussion soit ouverte immédiatement à tous les échelons de l'organisation afin que les directives données par le C. C. soient bien comprises de tous et que la Conférence nationale puisse utilement les confirmer.

La lettre du C. C. n'a pas pour but d'engager le Parti dans le « bouillonnement électoral » qui agite tous les clans de politiciens de droite et de gauche. Elle détermine la tactique électorale que nous entendons suivre en mai 1928, mais elle ne considère la lutte parlementaire que comme une phase de la large bataille que doit engager toute la classe ouvrière, sous la direction du Parti, contre les tentatives de rationalisation et d'oppression plus grande de la bourgeoisie.

Voilà, dans la pensée du C. C., quelle doit être la préoccupation essentielle de tout le Parti. C'est dans ce sens que doit s'opérer, du sommet à la base, le travail d'autocritique et de redressement indispensable au moment où les antagonismes de classe se développent sans cesse.

Le C. C. du Parti, à sa dernière session, a procédé à un examen approfondi de la situation économique et politique en France.

Notre C. C. a confirmé les thèses de la Conférence de Saint-Denis qui soulignaient que la crise actuelle de l'économie française n'était pas une simple crise passagère d'origine monétaire mais qu'elle était une crise chronique résultant des disproportions entre l'appareil de production et les possibilités d'absorption du marché intérieur, comme des débouchés extérieurs.

Le capitalisme français se trouve donc placé en face du problème de la rationalisation à peine entreprise.

La crise qui fit son apparition à la fin de 1926 n'a pas pris une allure catastrophique, mais une allure glissante, et, au cours de ces derniers mois, une accélération lente mais continue.

Le gouvernement d'Union nationale, expression parlementaire de la concentration des formations bourgeoises de droite et de gauche, autour du programme de la grande bourgeoisie, s'est orienté vers l'établissement d'une base indispensable pour la réalisation d'un plan d'ensemble de rationalisation : une monnaie stable et des finances saines.

Les caractères de la crise actuelle

Des résultats positifs ont été incontestablement acquis par la bourgeoisie dans le domaine financier et monétaire depuis août 1926, dans l'atmosphère de confiance qui a produit ses effets dans toutes les couches bourgeoises, petites-bourgeoises, et aussi dans une partie importante de la paysannerie comme dans une partie restreinte de la classe ouvrière.

Mais si la stabilité de fait du franc a pu être maintenue avec succès, la stabilité légale est loin d'être atteinte, la situation de la devise nationale reste précaire, l'incertitude financière et monétaire persiste.

Toutes les mesures de redressement financier ont eu des répercussions négatives sur la situation économique. La crise chronique, « larvée » depuis le printemps 1927, a pu être réduite à une stagnation continue grâce à des expédients provisoires et à des circonstances exceptionnelles parmi lesquelles la différence entre les prix des produits nationaux et les prix du marché mondial qui laisse une marge d'exportation à l'industrie, et une pression sans cesse aggravée sur la classe ouvrière (diminution des salaires, augmentation des heures de travail, surmenage).

Mais les indices d'aggravation des difficultés économiques s'accumulent : rentrée de moins en moins satisfaisante des impôts indirects et directs, diminution du trafic des chemins de fer, réduction du stock des matières premières, chômage partiel croissant, écart de plus en plus grand entre les prix des produits industriels et agricoles.

L'atténuation de la crise n'a donc été que momentanée et la bourgeoisie n'a toujours pas résolu la question essentielle posée devant l'impérialisme français : maintien de ses positions sur le marché mondial, conquête de nouveaux débouchés par la baisse des prix de revient.

Les impérialistes se heurtent avec une acuité croissante (question des tarifs douaniers, Tanger, politique balkanique, problème des réparations et des dettes de guerre), mais ces rivalités entre impérialistes laissent au premier plan l'antagonisme fondamental entre l'ensemble des puissances impérialistes et l'Union Soviétique. De même, elles ne font pas disparaître la pression exercée par l'impérialisme sur les peuples coloniaux et semi-coloniaux chez lesquels croît le mouvement d'émancipation.

L'impérialisme français renforce rapidement ses moyens d'oppression et de combat. Avec l'appui des chefs socialistes, il transforme son appareil militaire, il convoque les réservistes, il participe de plus en plus activement à la campagne antisoviétique (procès d'espionnage, déclarations de Foch, campagnes contre Rakowsky et pour la rupture avec l'U. R. S. S.). Il renforce l'exploitation et le rendement de son empire colonial.

Nous allons donc vers une accentuation inévitable de la lutte de classes et des antagonismes internationaux. De nouvelles attaques plus violentes contre les conditions de vie des travailleurs se préparent, les menaces de guerre se précisent.

L'ensemble des mesures envisagées et poursuivies sous le couvert de rationalisation dont les chefs socialistes et confédérés se proclament les partisans, constitue les formes directes et brutales de cette surexploitation ouvrière.

Afin de pouvoir pousser ses tentatives de rétablissement aux frais des masses laborieuses, le grand capital a également besoin d'une stabilité politique durable. C'est pourquoi il recherche l'élection d'une majorité parlementaire soutenant un gouvernement d'Union Nationale et décidée à favoriser son offensive par tous les moyens.

Le succès relatif de l' « expérience Poincaré », si l'on examine cette question sous l'angle de l'intérêt de la grande bourgeoisie, s'est traduit par un regroupement des catégories économiques de la bourgeoisie, et dans le domaine politique par un renforcement et un élargissement de l'Union Nationale, qui, à la différence de l'ancien Bloc National, est l'expression politique de la quasi-totalité du capitalisme français.

La stabilisation relative du capitalisme français ne peut avoir d'autre conséquence qu'une concentration politique de ses forces.

En face du renforcement économique et politique de la grande bourgeoisie, la petite bourgeoisie subit un recul économique et politique très net. Son rôle autrefois considérable diminue de plus en plus, dans sa majorité elle est désormais intégrée à l'Union Nationale et ne peut plus jouer qu'un rôle de second plan comme alliée de la grande bourgeoisie ou du prolétariat.

Cependant, les larges couches de la petite bourgeoisie conservent encore l'illusion de pouvoir continuer un rôle politique indépendant, ce qui détermine la démagogie du parti radical.

L'analyse du Congrès du Parti radical souligne sa liaison organique avec l'Union Nationale, sa démagogie pré-électorale effrénée n'est qu'une apparence sans aucun contenu politique réel. Une grave erreur serait de considérer l'évolution du Parti radical comme une orientation à gauche. Même dans l'éventualité d'un néo-cartel transitoirement au pouvoir, celui-ci ne pourrait avoir d'autre politique que celle de l'Union Nationale.

Aussi, le Parti doit-il s'orienter sur la perspective du renforcement de l'Union Nationale, de la constitution sinon formelle du moins en fait d'un grand Parti de classe de la bourgeoisie et d'une pression croissante du capitalisme.

La radicalisation de la classe ouvrière

La situation aggravée de la classe ouvrière se caractérise particulièrement par le chômage partiel qui prend des proportions tout à fait grandes, la fiscalité écrasante et le maintien de la cherté du coût de la vie malgré la baisse des prix de gros et des indices officiels. Dans une situation économique aussi tendue, il suffit d'une pression quelconque économique ou politique sur la classe ouvrière pour que celle-ci ait des réactions beaucoup plus violentes qu'autrefois.

On constate partout une tendance à la lutte directe, beaucoup plus accentuée, une radicalisation de la classe ouvrière. La violence des manifestations Sacco-Vanzetti, l'enthousiasme des travailleurs pour le 10e anniversaire de la Révolution russe, la multiplication et la longueur des grèves à l'heure actuelle, les manifestations des réservistes qui ne sont que le reflet dans l'armée de l'état d'esprit de lutte de la classe ouvrière, la désagrégation partielle du parti socialiste sont autant de faits qui démontrent une plus grande combativité de l'ensemble du prolétariat.

Dans la paysannerie, un mécontentement grandissant est causé par le poids de plus en plus lourd des impôts Poincaré et par l'écart défavorable à la paysannerie entre les prix des produits industriels et les prix des produits agricoles.

Dans les colonies, l'effervescence grandit, notamment au Maroc, en Tunisie, en Indo-Chine.

La répression contre le mouvement ouvrier révolutionnaire, contre son avant-garde communiste, constitue un aspect de la politique d'offensive contre la classe ouvrière et de la préparation à la guerre impérialiste. La répression accentuée souligne la croissance du mouvement révolutionnaire dont la bourgeoisie ne peut plus méconnaître ni nier l'importance et qu'elle se voit obligée de combattre en abandonnant son masque démocratique et en recourant à des mesures cyniques de répression policières.

Les erreurs du Parti

Le Parti a-t-il eu une appréciation juste de la situation et des rapports de classes? En particulier, a-t-il eu une appréciation juste du caractère de la répression qui n'est qu'une forme particulièrement aiguë de ces rapports de classes?

Un parti bolchevik ne saurait se développer sans une auto-critique sérieuse de son activité et sans crainte de trop souligner ses fautes.

C'est pourquoi le Comité central constate que, sur ce point, la politique du Parti ne fut pas juste et que des fautes importantes ont été commises.

La répression ne pouvait être réduite à une simple opération de politique intérieure, à une manœuvre électorale, à un épisode du jeu parlementaire. Sans doute, ce petit côté de la répression existe, mais il est secondaire: la répression est plus sérieuse, elle est l'offensive de la bourgeoisie contre les seules organisations qui, en développant la lutte de classes et le travail révolutionnaire, compromettent ses plans de stabilisation aux frais des travailleurs et des peuples opprimés. C'est le nouveau et grand pas fait dans la voie de la restriction des formes démocratiques qui ne conviennent plus à la politique d'impérialisme rapace de la grande bourgeoisie parce qu'elles laissent trop de liberté aux organisations qui luttent contre la politique de rationalisation contre l'U. R. S. S.

La campagne du Parti et de l'*Humanité* contre le discours de Sarraut : « Le communisme, voilà l'ennemi » et contre les premiers coups de force gouvernementaux ne furent pas placés sur un solide terrain politique. En particulier, le ton, l'allure générale de notre journal tendaient à restreindre l'importance de la répression en masquant la véritable signification et par là-même ne jetaient pas l'alarme dans les masses et ne les mobilisaient pas pour la résistance.

La fraction parlementaire n'apprécia pas exactement le sens des manœuvres des politiciens de gauche. Ces derniers refusaient l'autorisation des poursuites contre les députés communistes (Juin) ou les faisaient sortir de prison (Novembre) alors qu'ils laissaient emprisonner les militants condamnés par les tribunaux du cartel et qu'ils approuvaient par leurs votes ou leur silence les nouvelles poursuites contre des dizaines d'ouvriers, contre les soldats et les marins.

Ce fut aussi une faute de décider la reddition volontaire des militants de la direction condamnés. On ne saurait développer sans danger une politique de soumission à la légalité capitaliste et d'illusions persistantes envers les formules démocratiques; surtout quand la bourgeoisie viole sa propre légalité, en condamnant l'activité communiste au nom des lois scélérates, en fomentant de prétendus complots d'espionnage, en emprisonnant au droit commun les manifestants ouvriers du 23 août! Un parti communiste utilise toutes les possibilités légales de développer son action, mais il ne se soumet pas à la légalité et ne limite pas son action aux possibilités légales.

Enfin, lors du procès dit d'espionnage, le Parti n'a pas mené une campagne suffisante pour démasquer la volonté de la bourgeoisie de détruire notre Parti par tous les moyens. Sous prétexte d'inculpations de droit commun, la bourgeoisie veut écarter complètement les meilleurs combattants révolutionnaires et tente de discréditer notre Parti auprès des couches arriérées du prolétariat et auprès des couches moyennes.

De même, ainsi que l'a marqué le C. C. du 11 septembre, le Parti a sous-estimé les dangers de rupture et de guerre avec l'U. R. S. S.

Toute la politique du Parti doit donc être orientée dans le sens d'une résistance active de la classe ouvrière à une répression qui n'en est qu'à ses débuts.

Pour une politique de redressement

Un redressement tout à fait net doit marquer la politique du Parti. Tous ses membres doivent se rendre compte que la période relativement pacifique de la lutte de classe en France fait désormais place à une période de lutte plus violente.

Le Parti doit :

1. *Faire une critique sérieuse de son activité pour corriger ses fautes et ses faiblesses;*

2. *Baser ses tâches et sa tactique sur l'analyse de la situation économique et les perspectives d'aggravation des antagonismes de classe fixées dans la présente résolution;*

3. *Comprendre la nécessité de réagir pour empêcher notre Parti de se laisser entraîner dans le bas électoralisme et l'opportunisme qui, dans la période présente, constituent le plus gros danger;*

4. *Avoir une politique systématique et énergique contre la répression sous tous ses aspects (emprisonnements, perquisitions, expulsions de travailleurs étrangers, etc.) visant au rassemblement des ouvriers pour la défense de leur Parti et de leurs organisations syndicales;*

5. *Donner comme axe de sa politique, non pas les élections en tant que telles, mais l'organisation de la lutte directe des ouvriers alliés aux paysans contre le gouvernement d'Union nationale, ses lourds impôts, ses lois de guerre, la baisse des salaires, le chômage et la vie chère, en s'adressant ainsi non aux seuls électeurs, mais aux travailleurs, dont des millions sont exclus du droit de vote : femmes, jeunes, soldats, marins, ouvriers étrangers;*

6. *Continuer la constitution et le développement de véritables cellules d'entreprises, notamment dans les grosses usines dont la pénétration reste au premier plan des préoccupations du Parti;*

7. *Dénoncer avec énergie la politique de l'Union nationale comme celle de l'offensive contre les ouvriers et les paysans, tout en marquant la duplicité du parti radical, agent de l'Union nationale, qui cherche par un programme démagogique à capter les masses;*

Démontrer le rôle néfaste et antiouvrier des chefs socialistes qui, laissant faire, ne font objectivement que prolonger cette Union nationale;

Déterminer clairement et continuer la politique du front unique qu'en face des organisations socialistes et confédérées le Parti doit mener avec le maximum de force;

Opposer à la consolidation des forces bourgeoises un front unique de classe contre classe, sur la base des revendications révolutionnaires et en montrant que, seul, un gouvernement ouvrier et paysan peut résoudre la situation actuelle dans un sens favorable aux ouvriers et paysans;

8. *Poser au premier plan de nos tâches le recrutement syndical et le travail des communistes dans les syndicats, sur la base des directives données à propos du mois syndical, qui n'est qu'un exemple concret du début du renforcement et du redressement de notre activité syndicale. En particulier, trouver les formes permettant le travail syndical dans les entreprises malgré la répression patronale, et lutter pour le droit syndical en faveur de tous les salariés français et étrangers;*

9. *Accentuer, sur la base de la délégation du 10ᵉ Anniversaire, la campagne de front unique contre la guerre impérialiste et pour la défense de l'U. R. S. S.;*

10. *Contre les dangers de guerre, renforcer avec vigueur le travail dans les forces armées du capitalisme, en tenant compte des enseignements du travail antimilitariste de ces derniers mois;*

11. *Renforcer le travail aux colonies pour le soutien effectif et le développement des mouvements nationaux révolutionnaires, et assurer l'alliance du mouvement prolétarien avec le mouvement d'émancipation des peuples coloniaux opprimés.*

Notre tactique électorale Classe contre Classe

Le Comité central ne considère notre tactique électorale que comme un cas particulier de notre tactique de front unique qui doit permettre l'organisation de la résistance active de la classe ouvrière à la rationalisation et aux dangers de guerre.

Loin de négliger les tâches citées ci-dessus sous prétexte de campagne électorale isolée de nos autres tâches, tout le Parti doit comprendre que ces tâches en constituent le contenu politique principal.

Notre tactique électorale doit tendre à hâter le rassemblement des masses laborieuses sous la direction du prolétariat et de son Parti communiste pour une lutte intransigeante contre toutes les fractions de la bourgeoisie.

Cinquante années de régime parlementaire et de pseudo-démocratie ont obscurci dans l'esprit des travailleurs français les notions les plus élémentaires sur l'opposition irréductible des classes. Les manœuvres des politiciens de « gauche » (Congrès radical de Wagram) et les reniements successifs des chefs socialistes, trouvent toujours leur expression dans la formule logiquement dépassée et aujourd'hui quasi-vide de tout contenu social, « les Rouges contre les Blancs ».

Le Parti doit opposer aux mots d'ordre des Daladier et des Boncour la formule prolétarienne : « Classe contre classe. »

Une telle formule est d'autant plus indispensable que le Parti apparaît encore aux yeux d'un grand nombre de travailleurs comme le « parti le plus à gauche », et qu'une tactique mécanique de désistement pour le candidat de « gauche » placé avant le militant communiste, laisse s'accréditer, en dépit de nos déclarations, l'apparence d'un parti communiste « aile extrême du Cartel des Gauches » ou élément participant d'un néo-Cartel.

Or, notre Parti a déjà montré sur d'autres terrains qu'il n'était pas le parti le « plus à gauche », mais qu'il était le parti du prolétariat opposé irréductiblement à toutes les formations politiques de la bourgeoisie. Il reste à dissiper sur le plan électoral, comme ailleurs, toute fausse interprétation sur le caractère et le rôle du Parti.

Le C. C. propose donc :

1º Le Parti Communiste opposera au second comme au premier tour ses candidats aux candidats bourgeois, radicaux comme réactionnaires. Il ne fera pas voter, dans un ballottage, pour Daladier contre Poincaré, pour Painlevé contre Maginot.

2º Le Parti Communiste proposera immédiatement au Parti Socialiste la formation au deuxième tour d'un bloc ouvrier, en vue du maintien contre *tous* les candidats bourgeois, du socialiste ou du communiste. Le désistement mutuel des deux partis se réclamant de la classe ouvrière sera conditionné à l'acceptation d'un programme minimum.

3º Le Parti Communiste déclare qu'au cas où le Parti Socialiste repousserait sa proposition du Bloc Ouvrier et Paysan, le Parti Communiste se réserve de maintenir un candidat prolétarien en face de tous les chefs socialistes qui accomplissent une besogne contre-révolutionnaire et qui se déclarent les défenseurs de la démocratie bourgeoise contre le communisme.

Le C. C. invite toutes les organisations du Parti, de la cellule du Comité Régional, à mettre à l'ordre du jour de leur prochaine séance la lecture de la présente lettre et la discussion des directives qui y sont fixées en vue de la confirmation définitive par la prochaine Conférence.

L'auto-critique de nos faiblesses et de nos erreurs est une nécessité absolue : cette auto-critique doit nous mener non seulement à la rectification des erreurs, mais aussi à la correction des appréciations erronées sur la situation qui en sont la source.

Une condition essentielle pour que le Parti procède à cette auto-critique et réalise toutes ses tâches, c'est d'assurer son unité sur la base de la politique léniniste de l'Internationale Communiste et le maintien absolu de la discipline de combat.

C'est pourquoi le C. C. a approuvé résolument les mesures prises par le C. C. du P. C. de l'U. R. S. S. et le C. E. de l'I. C. contre les attaques criminelles du bloc trotskiste oppositionnel et qu'il a pris une série de mesures pour garantir l'unité dans les rangs du Parti français.

Le Parti doit comprendre clairement l'étape actuelle de la lutte des classes en France. Il doit se préparer et préparer le prolétariat et les couches laborieuses des campagnes et des villes aux combats prochains que suscitera la pression inévitable du capitalisme, la répression accentuée, la politique rapace colonialiste, les dangers de guerre.

La résistance des ouvriers et des paysans, des esclaves coloniaux, des soldats et des marins doit constituer le facteur essentiel dans la lutte contre la stabilisation que tente le capitalisme aux dépens du prolétariat et contre la mobilisation des impérialismes ligués contre l'Union Soviétique qui est le guide et l'exemple de tous les travailleurs.

La lutte directe du Parti est plus que jamais à mener à l'usine, à l'armée, dans les campagnes, aux colonies. C'est seulement une telle lutte quotidienne, persévérante et systématique qui mettra le Parti à la tête des travailleurs en route vers la Révolution prolétarienne.

Le C. C. du P. C. F.

Lettre du Présidium de l'I. C.
au Comité Central du P. C. Français, Paris

MOSCOU, 2 Avril 1927.

Chers camarades,

Votre lettre sur les rapports du P. C. Français avec le Comité Exécutif de l'I. C. ne pose pas seulement des questions concernant le fonctionnement de notre appareil, mais aussi des questions politiques importantes qu'il nous paraît nécessaire d'aborder clairement. Si nous sommes d'accord sur les perspectives et les tâches du Parti Français dans la période actuelle — et nous sommes sûrs qu'il en est ainsi — les questions concernant le fonctionnement de notre appareil seront facilement solutionnées. C'est pourquoi, avant d'aborder le détail de votre lettre, nous pensons nécessaire de préciser notre pensée sur la situation actuelle et les tâches essentielles du P. C. F.

I. — La crise actuelle de l'économie française n'est pas une simple crise passagère d'origine monétaire qui peut être surmontée par une stabilisation du franc. La fin de la politique de l'inflation qui était un stimulant artificiel au développement de l'industrie et à l'utilisation totale de sa capacité de production a fait apparaître les contradictions internes du capitalisme français. Son appareil de production, enflé par la politique des réparations, par l'intégration de l'Alsace-Lorraine et de la Sarre, par l'élimination de l'Allemagne sur le marché mondial de 1921 à 1923, et par l'inflation, ne correspond pas aux possibilités d'absorption du marché intérieur et des débouchés extérieurs. Le capitalisme français va s'efforcer de rationaliser, d'éliminer les industries qui ne vivaient que de la politique des réparations et de l'inflation, de grouper et de concentrer les industries qui forment la base de l'économie nationale et surtout de diminuer les frais de production par une amélioration de l'appareil technique et par la trustification ont été en partie utilisées déjà et pour l'avenir proche apparaissent réduites, c'est contre les salaires et les conditions de vie de la classe ouvrière que le capitalisme français va porter ses efforts. Cette offensive du capitalisme est favorisée par le chômage qui est une des manifestations de la crise. Le chômage, dû à la réduction de l'activité de l'appareil de production enflé, deviendra un phénomène plus ou moins chronique en France Il serait naturellement faux de comparer la crise française à la crise allemande de 1923-24. Elle se développe dans des conditions totalement différentes. Le chômage chronique n'atteindra pas non plus l'ampleur du chômage allemand ou anglais. Mais le capitalisme français compte avec l'existence d'une armée permanente de chômeurs qui lui permettra d'avoir une réserve de main-d'œuvre et d'exercer une pression d'autant plus forte sur les salaires de la classe ouvrière.

II. — La crise économique présente aura donc de profondes répercussions sociales et politiques. Déjà la résolution française du 6° Plenum soulignait le fait que la France petite-bourgeoise d'avant-guerre avait fait place à une France fortement industrialisée, devenue exportatrice, avec un prolétariat dense et une plus forte différenciation des classes, etc. Cependant, à certains moments au cours de l'année dernière, la prospérité industrielle due à l'inflation n'a pas mis au premier plan de la vie politique la lutte de classe entre le gros capitalisme et le prolétariat.

Mais la situation change avec la crise actuelle. La revalorisation relative du franc, sa stabilité tranquillisent la petite-bourgeoisie, tandis que l'offensive capitaliste et les luttes de défense de la classe ouvrière ont déjà mis au premier plan de la scène politique la lutte de classe entre le prolétariat et le gros capitalisme. La petite-bourgeoisie, dont le rôle et la force économiques furent diminués par l'industrialisation du pays d'une part et l'inflation d'autre part — touchée elle aussi en définitive par la crise — jouera un rôle de second plan comme alliée du capitalisme ou du prolétariat. Notre Parti doit montrer clairement à la classe ouvrière cette transformation dans la vie politique profonde du pays. Car la vie politique superficielle, parlementaire et électorale n'a pas encore subi les transformations profondes qui correspondent à celles qui se sont produites dans la structure économique et sociale du pays. Aussi, en ce qui concerne l'aspect électoral et parlementaire de la lutte des classes, menée par le capitalisme contre le prolétariat et les masses travailleuses, les formations et formules politiques traditionnelles de la petite-bourgeoisie jouent encore un rôle beaucoup plus grand que dans la lutte économique extra-parlementaire. L'habileté de la grande bourgeoisie consiste, avec la complicité des chefs réformistes, à opposer bloc des gauches et bloc des droites, cherchant ainsi à perpétuer les illusions démocratiques au sein des masses travailleuses et à détourner leur attention du contenu de classe des diverses formations de la bourgeoisie.

Le gouvernement Poincaré, l'Union Nationale, est une tentative du gros capitalisme de donner une expression politique nouvelle et plus stable à son pouvoir. Mais cette tentative apparaît déjà bien précaire et l'approche des élections générales de 1928 permet de se rendre compte que les luttes politiques parlementaires s'engagent encore selon la formule traditionnelle des gauches contre la droite. En face des désillusions consécutives à la faillite de l'ancien cartel, parti radical et parti socialiste, tout en favorisant et en ménageant le gouvernement Poincaré et en luttant contre la gauche socialiste et contre le front unique, essaient de trouver la formule d'un cartel « régénéré » qui, sur la base d'un verbalisme démagogique de gauche, vise à rallier les ouvriers révolutionnaires et à les entraîner éventuellement dans la pratique du ministérialisme. Les articles de Blum dans *Le Populaire*, où il développe un programme « révolutionnaire », les appels multipliés depuis plus de deux ans par le Parti Socialiste pour obtenir le soutien systématique et sans condition des communistes en faveur d'un gouvernement cartelliste, le récent appel d'Auriol aux 30 voix d'un groupe communiste à la Chambre, la déclaration du Parti radical qu'il n'a pas d'ennemis à gauche, sont autant de tentatives faites pour entraîner les ouvriers qui sont sous l'influence communiste dans la voie de ce néo-cartel. D'autre part, l'exclusion de la Section socialiste de Valenciennes, la campagne contre la gauche socialiste, les mesures disciplinaires contre le groupe de l' « Étincelle », les déclarations de Blum à la Commission des Finances, sont autant de preuves que le verbalisme révolutionnaire du Parti socialiste n'a pour but que de masquer sa politique de collaboration même avec les éléments réactionnaires de la bourgeoisie contre la classe ouvrière.

La classe ouvrière confusément mais déjà de plus en plus fortement, et cela grâce aussi à l'action de notre Parti, se rend compte de cette situation. Devant la crise et l'offensive patronale se développe un courant très profond vers l'unité de classe, qui se manifeste par des réalisations nombreuses du front unique entre syndicats confédérés et unitaires, entre ouvriers socialistes et communistes, par le développement d'un courant d'unité syndicale, et même sur certains points par un courant favorable à l'unité politique de la classe ouvrière.

III. — Dans son ensemble, notre Parti doit, en renforçant les directives déjà fixées par le C. C., avoir une vision claire de cette situation et y adapter sa tactique. Au moment où la fièvre électorale s'empare de la vie parlementaire, des Partis politiques, de la presse, il doit éviter de se laisser prendre par elle. Les tâches principales de notre Parti, sans négliger en rien la préparation des élections, sont actuellement ailleurs. Il doit voir clairement *que sa tâche politique primordiale est d'intensifier la préparation et la lutte de résistance de la classe ouvrière contre l'offensive des capitalistes.* Il a déjà inauguré un travail intense et fécond parmi les chômeurs, qui doit être développé, mais le problème central est la lutte de résistance des ouvriers qui sont encore dans la production, y compris les chômeurs partiels, lutte qui doit être appuyée par l'action des chômeurs complets. Un nombre considérable d'ouvriers qui ne sont pas directement intéressés comme électeurs aux luttes électorales, sont les plus intéressés aux luttes de défense de la classe ouvrière; les jeunes ouvriers, les femmes, la masse des ouvriers étrangers et des coloniaux, sans droits politiques, et qui peuvent et doivent prendre une part active aux campagnes électorales du Parti comme les autres membres du Parti, et les ouvriers français encore sous l'influence des traditions anti-parlementaires, sont dans ce cas. L'épine dorsale de tout notre travail doit donc être la mobilisation des masses ouvrières pour la lutte de résistance à l'offensive capitaliste. Par elle seulement nous établirons une solidarité effective entre les ouvriers étrangers et les ouvriers français, par elle nous cristalliserons le courant profond des masses vers l'unité autour de nos organisations, par elle aussi nous contribuerons à faire sortir la vie politique parlementaire de l'ornière traditionnelle, en dominant la lutte politique, la lutte électorale de l'année prochaine par de vastes mouvements de lutte de classe. Tandis que la tactique du Parti socialiste et des syndicats réformistes consiste à traîner le prolétariat derrière les organisations et la politique de la bourgeoisie de « gauche », notre action de masse entraînera toujours davantage les ouvriers réformistes et inorganisés et certaines couches de la petite-bourgeoisie derrière l'avant-garde prolétarienne : Le Parti Communiste.

IV. — Pour réaliser cette tâche essentielle, le Parti doit se rendre compte de certaines faiblesses auxquelles il doit remédier rapidement et de dangers qu'il doit soigneusement éviter.

a) Sa liaison avec les grandes usines et les grandes Régions industrielles doit être absolument renforcée. Celles-ci doivent avoir l'initiative toujours plus grande pour la solution des problèmes posés devant elles. Aucune lutte sérieuse ne peut être envisagée contre le patronat si nos organisations syndicales et politiques n'ont pas une réelle influence dans les grandes usines et dans les Régions qui possèdent les industries de base du capitalisme français.

b) L'an dernier, un courant de grèves spontané a dressé la classe ouvrière contre le patronat. Ce courant de grèves était non seulement le résultat de l'inflation, mais aussi en partie l'aboutissant de la campagne engagée en janvier-février par le Parti et la C. G. T. U. en faveur du dépôt par usine et par branche d'industrie des cahiers de revendications ouvrières. En général ces grèves n'ont pas été déclenchées au signal des organisations syndicales unitaires, mais presque toutes furent dirigées par les syndicats de la C. G. T. U. sous le contrôle de la Direction confédérale. En face de la tactique du grand patronat cherchant à diviser les mouvements dispersés pour les maîtriser facilement, l'idée générale qui a inspiré le Parti et la C. G. T. U., la tactique qui visait à coordonner les actions partielles en de grands mouvements grévistes intéressant une Région ou une Industrie, était juste mais extrêmement délicate à manier. La moindre erreur dans l'appréciation du rythme des événements et dans le choix du moment propice pour engager un mouvement d'ensemble, pouvait aboutir à entraver le développement de la lutte. Une des choses les plus difficiles que les organes dirigeants du mouvement ouvrier doivent apprendre, pour répondre complètement aux nécessités de la lutte, consiste justement à se servir de tous les éléments utiles d'information pour le choix judicieux du moment favorable (informations provenant de la base du Parti et des syndicats, observation des divers mouvements qui éclatent spontanément, étude attentive de la situation politique et économique dans toutes ces fluctuations, réaction des diverses couches du prolétariat et de la population sur ces fluctuations, etc., etc.).

Or, il apparaît qu'au cours de l'année 1926, il n'a pas toujours été tenu compte de tous ces facteurs et que, par suite, des erreurs ont été commises sur l'appréciation du développement de la situation aboutissant à une activité insuffisante et à un certain retard dans la préparation de l'action (par exemple : grève du 1er avril, Congrès des métaux de l'automne dans la Région Parisienne).

Avec le recul du temps, le Parti peut et doit faire une auto-critique précise de ces événements et tirer les leçons de l'expérience accumulée au cours de cette période en vue de rendre nos organisations de la base au sommet, plus aptes à diriger les batailles de demain.

c) Le Parti doit éviter toute attitude politique électorale ou parlementaire qui ne porte pas un cachet de classe clair et compréhensible pour la masse ouvrière. L'action parlementaire de notre Parti doit contribuer à clarifier la conscience de classe du prolétariat, lui faire voir que notre Parti est le seul Parti de la classe ouvrière. Cela est d'autant plus facile que le Parti socialiste pratique le Bloc des Gauches. La ligne politique générale juste du Parti n'a pas trouvé une expression suffisante dans la presse par une contre-attaque immédiate à la campagne de presse parlant d'un nouveau Cartel des Gauches, campagne visant à accréditer l'idée que le Parti communiste accepterait de participer tacitement à ce Cartel. Il aurait dû faire apparaître clairement sa position. Il en est de même des discussions publiques entre Blum et Sarraut sur la reconstitution du Cartel.

Pour établir une tactique électorale juste, le Parti doit ne pas perdre ou diminuer la possibilité d'aborder les masses arriérées que nous devons gagner à notre politique, et entraîner vers les buts révolutionnaires du prolétariat indiqués par notre Parti, et enrayer dans ses propres rangs la renaissance de l'électoralisme, impliquant des illusions réformistes et démocratiques bourgeoises ou subordonnant la ligne politique essentielle de notre Parti aux résultats électoraux immédiats.

Le camarade Cachin a pu parler avec raison du « prurit d'électoralisme » qui s'était emparé du Parti au moment des élections du Nord et qui montre un danger contre lequel le Parti doit faire front par toute son attitude politique, électorale et parlementaire. La manœuvre électorale de l'élection du Sénat nous paraît, à ce sujet, avoir contenu certaines erreurs susceptibles d'entretenir la confusion et d'alimenter la campagne qui présentait notre Parti comme partie intégrante du Cartel.

La préoccupation du Parti d'empêcher l'élection des réactionnaires qui a déterminé sa manœuvre électorale comportait une contre-partie dangereuse, celle de présenter une liste commune de premier tour, réunissant un communiste, cinq socialistes et quatre bourgeois de gauche. Dans les conditions politiques actuelles de la France, ce côté négatif de l'opération était beaucoup plus grand que les avantages que le Parti espérait tirer de sa manœuvre contre les réactionnaires. L'erreur du Parti fut cette fausse appréciation des côtés positifs et négatifs de l'opération. Notre tactique électorale générale, absolument juste, de soutenir un candidat de gauche contre un réactionnaire, peut devenir dangereuse si elle se résout à une simple mécanique électorale, acceptée tacitement par les Partis de gauche. Une mobilisation des masses pour l'action de front unique contre la bourgeoisie en dehors du terrain parlementaire, doit être la base sur laquelle se développe notre tactique électorale, elle seule provoquera au sein même des partis de gauche les différenciations de classe nécessaires. Elle seule fera comprendre aux bourgeois « de gauche » qu'ils ont à gauche un ennemi, l'ennemi de classe.

d) Dans le même ordre d'idées, le Parti doit éviter de pratiquer des accords circonstanciels avec les organisations politiques de la bourgeoisie de gauche (franc-maçonnerie, Ligue des Droits de l'Homme, etc.). De tels accords pourraient priver le Parti de la possibilité d'exercer son hégémonie dans la lutte des masses laborieuses contre l'oppression capitaliste et faire apparaître notre Parti aux yeux des masses comme un des participants d'un nouveau Cartel des Gauches. En opposition à de tels accords, le Parti doit faire la critique systématique et concrète de ces formations petites-bourgeoises, en libérant les masses de leur influence et en invitant ces masses à lutter côte à côte avec le prolétariat révolutionnaire.

Sa préoccupation doit être de contribuer par toute son attitude politique et par son action à accélérer et à favoriser le processus profond qui se développe au sein des masses ouvrières vers la clarification de leur conscience de classe et leur différenciation politique politique des Partis traditionnels de la bourgeoisie de gauche.

C'est sur cette base que nous devons aborder la question de l'unité de la classe ouvrière sous ses divers aspects : unité politique, unité syndicale, front unique.

V. — Un certain nombre de faits de plus en plus nombreux et caractéristiques démontrent qu'au sein de la classe ouvrière se développe un courant favorable à l'unité politique. Dans son origine, ce courant est absolument sain, il est une des expressions de l'éveil de la conscience de classe des masses ouvrières, ainsi que de l'action antérieure du Parti, mais le Parti socialiste tente d'exploiter ce courant dans le but de miner et de désagréger notre Parti.

Le Parti socialiste présente le front unique comme une tactique perpétuant la scission et répond à nos propositions de F. U. par des contre-propositions en faveur de l'unité politique socialiste d'avant-guerre. Dans ces conditions, le Parti doit attacher une grande importance au travail dans la gauche socialiste. Ceci est d'autant plus nécessaire que, durant ces derniers mois, la ligne de l'*Etincelle* contribuait à canaliser le courant unitaire profond des masses vers le retour à l'ancienne unité, au Parti socialiste unifié d'avant Tours. La série des articles de Blum sur la dictature du prolétariat et les « vacances de la légalité » correspond à une manœuvre de la fraction centriste qui, sous le couvert des phrases de gauche, vise à consolider l'unité du Parti socialiste et à entraîner la classe ouvrière vers l'unité politique réalisée dans la confusion et vers un nouveau Cartel.

C'est pourquoi nous avons voué une attention spéciale aux événements de Tours, qui nous apparaissent, dans la situation présente, non comme un incident local sans importance, mais comme les symptômes d'une situation nouvelle dans le pays et d'un danger possible pour notre Parti si celui-ci ne prend pas de mesures efficaces pour prévenir les fautes ou pour corriger celles qui ont été commises.

A Tours, l'action antérieure et persévérante du Parti a entraîné les ouvriers de la Section socialiste à pratiquer le front unique. Les chefs socialistes n'ont pu ressaisir leur influence qu'en opposant l'unité politique au front unique. Mais ils n'ont pu échapper à la nécessité d'écarter une discussion publique et contradictoire qu'en proposant de mener la discussion devant les membres des deux Partis sur la question de l'unité politique. L'erreur commise à Tours a été de ne pas saisir immédiatement, par la presse et tous les moyens de propagande et d'agitation dont nous disposons, l'ensemble du prolétariat de la controverse qui avait lieu devant les adhérents des deux Partis.

Le Parti n'a pas accordé une attention suffisante à ce courant unitaire des masses et aux erreurs de Tours, qui en étaient une expression, et n'a pas posé au premier plan avec une assez grande vigueur la question de notre tactique à l'égard de ce courant unitaire et de l'exploitation qu'en fait le Parti socialiste.

Notre position de principe sur cette question est claire. Mais nous devons la faire comprendre à l'ensemble du Parti dont le niveau idéologique est encore relativement faible. Nous sommes pour l'unité politique de la classe ouvrière, mais sur le seul terrain où elle peut se réaliser, sur le terrain de classe, de la lutte de classe révolutionnaire, non seulement dans un programme, mais dans la vie et la lutte quotidienne du Prolétariat. Chaque communiste doit comprendre que l'unité politique du prolétariat ne peut se réaliser que par le groupement de toute son avant-garde dans son unique parti de classe : le Parti communiste. En aucun cas, nous ne pouvons admettre le retour au vieux Parti d'avant Tours, ni la perspective d'un regroupement des deux Partis, parce qu'on entretiendrait ainsi l'illusion d'un retour à l'ancienne unité et que l'on admettrait par là l'idée que le Parti socialiste peut, dans son ensemble, abandonner sa pratique de collaboration de classe et son rôle d'agent de la bourgeoisie pour pratiquer la même politique que le Parti communiste. Nous devons au contraire montrer que les chefs socialistes ont fait la scission parce qu'ils voulaient pratiquer la collaboration de classe, et que l'unité politique de la classe ouvrière ne peut se réaliser que contre ceux qui s'allient à la bourgeoisie.

Mais nous devons comprendre qu'un nombre croissant d'ouvriers socialistes animés de la volonté de revenir à la lutte de classe sont attachés par des liens très forts à leur organisation et ont l'illusion de pouvoir redresser leur Parti par leurs efforts à l'intérieur de celui-ci.

Nous ne partageons pas cette illusion et nous devons dire à ces ouvriers socialistes que nous ne la partageons pas. Mais nous ne devons pas non plus mépriser leurs efforts, ce qui aboutirait à perdre le contact avec eux, à les abandonner et à nous refouler nous-mêmes dans un isolement stérile.

Nous devons appeler ces ouvriers à l'action commune du prolétariat contre la bourgeoisie et, à la faveur de cet appel constant et de la fraternité d'armes dans la lutte de classe, leur faire comprendre ce que doit être le Parti unique de la classe ouvrière, et combien il est différent du Parti socialiste, dont l'idéologie affaiblit et entrave le prolétariat au bénéfice de la bourgeoisie et dont les chefs et l'appareil trahissent la lutte prolétarienne.

Ce n'est pas seulement par notre propagande, mais c'est par notre propagande et notre agitation combinées avec la pratique du front unique et avec la lutte des ouvriers socialistes pour le redressement de leur Parti, que ceux-ci se convaincront par leur expérience même de l'impossibilité de transformer le Parti socialiste en un Parti capable de mener véritablement la lutte de classe révolutionnaire. C'est alors seulement que la crise du Parti socialiste dom'née par la lutte de classe qui se développe de plus en plus dans son sein aboutira à des exclusions, à des scissions qui démontreront aux ouvriers socialistes le véritable caractère de la social-démocratie. Des regroupements s'opéreront. Les groupes d'ouvriers révolutionna'res ne seront peut-être pas tous mûrs pour être intégrés immédiatement dans le Parti communiste. C'est pourquoi le C. C. du Parti français doit envisager, dans la situation concrète du pays, et en tenant compte de ses traditions, dans quelles formes pourrait être canalisé un tel courant en vue de faire de notre Parti le centre de l'unité politique des masses et de contrecarrer la manœuvre des chefs du Parti socialiste.

Notre Parti doit bien comprendre la différence existant entre, d'une part, les groupes d'ouvriers, socialistes qui, à travers bien des hésitations, reviennent à la lutte de classe, pratiquent de plus en plus le front unique et, quoique lentement, s'approchent de plus en plus du Communisme, et, d'autre part, les groupes de chefs qui ont quitté notre Parti s'éloignent de lui, se comportent en ennemis déclarés et nient de plus en plus ouvertement les principes fondamentaux du Communisme. Tels sont par exemple le groupe dirigeant de l'Union socialiste-communiste et le noyau de la *révolution prolétarienne*. Nous devons aider les ouvriers qui s'approchent à retrouver le chemin révolutionnaire et combattre sans merci les chefs qui s'éloignent du Communisme, se dressent contre ses principes essentiels et mènent une action objectivement contre-révolutionnaire.

C'est pourquoi il nous paraît que le Parti doit vouer plus d'attention à la gauche du Parti socialiste. Notre Parti et sa presse doivent mener une discussion avec l'*Étincelle* et le *Populaire* sur le front unique et l'unité politique, afin de préciser ces problèmes dans l'esprit des membres du Parti. Il doit, pour cela, utiliser les exemples concrets tirés de son action.

Nous pensons que l'idée émise par le Bureau Politique de proposer au Parti socialiste d'établir des listes électorales communes au premier tour dans certaines régions est aussi une erreur. La situation politique générale en France que nous venons d'analyser, la situation internationale dans laquelle grandissent et se précisent les dangers de guerre, réclament de notre Parti de montrer plus qu'auparavant et d'une façon démonstrative son clair visage communiste, internationaliste et révolutionnaire, d'être par toute son attitude le seul Parti de la classe ouvrière.

Cela entraîne par conséquent, non seulement une lutte intransigeante et énergique contre les Partis bourgeo's de droite et de gauche, mais aussi une critique impitoyable de la politique du Parti socialiste qui, dans cette période de préparation de guerre, est ouvertement l'agent de l'impérialisme, comme le démontre la position des chefs S. F. I. O. à l'égard des projets militaires.

Dans cette situation, la tactique de proposition de lis'es communes avec le Parti socialiste diminuerait considérablement notre possibilité de critiquer la politique du Parti soc'aliste devenu notre allié électoral et de ses chefs portés sur la même lis'e que nos candidats. Si elle est seulement une manœuvre, elle contient aussi le danger que les ouvriers ne comprennent pas que sur le terrain électoral nous proposons un bloc de classe à ceux qui chaque jour pratiquent le bloc avec la bourgeois'e et se refusent à réaliser le bloc de classe dans la lutte contre l'offensive capitaliste. La situation est naturellement changée dans un cas comme celui de Valenciennes. Le fait que la Section socialiste avait participé avec les communistes et les syndicats unitaires à un Congrès ouvrier ne pouvait à lui seul légitimer la constitution d'une liste commune au premier tour. Mais quand la Section socialiste de Valenciennes, dissoute par son Parti, resta fidèle au programme de revendications immédiates arrêté en commun et se dressa contre les chefs traîtres de la Fédération socialiste du Nord, la constitution d'une liste commune dès le premier tour devenait une nécessité. En un mot, avant la d'ssolution de la Section socialiste de Valenciennes par son Parti, la lis'e commune au premier tour eût été une faute; après la dissolution, elle constituait une politique juste.

VI. — Ce courant unitaire des masses doit être orienté par nous vers la réalisation de l'unité syndicale. Nous devons mener la campagne d'une telle façon que tous les ouvriers, et spécialement les ouvriers réformistes, comprennent que l'un'té n'est pas pour nous un simple mot d'ordre d'agitation et de manœuvre à l'égard de la C. G. T. réformiste, mais répond aux nécessités urgentes de la lutte du prolétariat. L'unité syndicale réalisée en vue de l'action de classe favoriserait puissamment la lutte contre la bourgeoisie. Mais, d'autre part, c'est dans l'action commune et quotidienne des ouvriers contre la bourgeoisie que le prolétariat se rapproche de l'un'té syndicale. Dans les conditions actuelles du prolétariat français, l'unité syndicale est *une tâche immédiate pratique* vers laquelle nous devons tendre le maximum de nos efforts. Nous devons en montrer les diff.ultés à surmonter dans toute leur grandeur et l'importance de la tâche afin de susciter l'effort nécessaire et de prévenir tout découragement.

Les précisions apportées par les décisions du 7e Exécutif élargi n'ont eu pour but que de renforcer notre politique et notre travail pour l'unité syndicale et ne sauraient être considé:ées comme une révision de notre ligne dans ce domaine. Notre tactique demeure et doit être concrétisée et intensifiée en France actuellement.

La quest'on de l'unité syndicale doit être abordée comme le problème du renforcement de la C. G. T. U. combiné avec un travail intense dans la masse des ouvriers adhérents aux syndicats réformistes pour développer dans la vieille

C. G. T. un irrésistible courant favorable à l'unité. Il est certain que les chefs de la C. G. T. réformiste ou bien tenteront de scissionner leur organisation, d'exclure les minorités avant que les partisans de l'unité y aient acquis la majorité, ou bien n'envisageront la réalisation de l'unité que sous une pression de la masse de leurs syndiqués, si énergique qu'elle mette en danger leur direction. C'est donc dans la masse des ouvriers réformistes que nous devons porter le maximum de notre effort.

Il faut tout faire pour favoriser le développement des groupes d'unité et d'une minorité unitaire dans les syndicats réformistes. Les ouvriers syndiqués de la gauche socialiste devront être l'objet d'une attention toute particulière de notre part, étant donné le renfort que leur travail systématiquement organisé à l'intérieur de la C. G. T. peut apporter au mouvement en faveur de l'unité syndicale. Éviter de mettre formellement ce mouvement sous la tutelle du Parti communiste ou de la C. G. T. U. et éviter soigneusement tout ce qui peut l'affaiblir, soit en faisant passer des syndicats minoritaires à la C. G. T. U, soit en élargissant la scission par la création de syndicats parallèles de la C. G. T. U. là où n'existe qu'un syndicat confédéré au sein duquel travaille la minorité révolutionnaire. C'est le devoir des organes dirigeants du Parti et de la C. G. T. U. de veiller à ce que cette règle soit appliquée. Les exceptions doivent, en conformité avec les décisions du 7e Exécutif élargi, n'être tolérées qu'après ratification des organismes centraux et sous leur entière responsabilité. Ceux-ci doivent faire pression sur les organes de base pour éviter que nous nous trouvions placés par eux en présence du fait accompli, ce qui aboutirait à changer dans la pratique notre ligne fondamentale.

Pour notre Parti, comme pour la C. G. T. U., il est d'une importance capitale d'avoir l'initiative. L'unité syndicale est notre mot d'ordre, notre insigne; nous avons lutté pour elle. Au moment où la situation devint favorable, tant en raison de la situation objective qu'à la suite de notre travail, pour lutter avec succès en faveur de l'unité, la Fédération réformiste des cheminots proposa la première la création d'une Fédération unique, manœuvrant en réalité contre l'unité, sous le drapeau de l'unité. Nous estimons que la Fédération unitaire des cheminots, de même que la C. G. T. U., ont répondu avec justesse à cette proposition, mais une réponse juste ne supprime cependant pas le fait que pour une courte période l'initiative en faveur de l'unité, de la lutte entre partisans et adversaires de l'unité, est passée aux mains de nos ennemis. D'autre part, notre juste réponse *ne fut pas suffisamment préparée par une campagne appropriée;* même en ce moment, nous ne constatons pas de campagne suffisamment intense dans notre presse et surtout à la base, pour mobiliser autour de notre proposition les masses prolétariennes organisées dans les syndicats réformistes. Une politique juste est indispensable en vue du succès, mais seule elle est insuffisante. Dans les conditions actuelles, *l'activité,* la *rapidité* et *l'initiative* jouent un rôle décisif. Nous avons laissé tomber l'initiative de nos mains pour quelque temps et nous n'avons pas encore montré une énergie suffisante pour gagner en rapidité.

La situation créée par le développement du courant unitaire chez les cheminots peut, à un moment donné, poser à notre Parti et à la C. G. T. U. la question de l'application en France de la résolution du dernier Plénum sur la réalisation partielle de l'unité pour une Fédération. En général, sur le terrain de l'unité syndicale, nous ne devons pas craindre de chercher des voies nouvelles qui en favorisent la réalisation.

Les chefs réformistes de la C. G. T. et certains groupes anarchistes et anarcho-syndicalistes tentent d'exploiter le courant des masses en faveur de l'unité syndicale pour liquider le mouvement révolutionnaire ainsi que pour aggraver la scission.

C'est pourquoi, tant qu'une C. G. T. unique n'est pas reconstituée, nous devons convaincre chaque ouvrier que, quels que soient les regroupements syndicaux qui s'opèrent, il est nécessaire que chaque organisation syndicale adhère à l'une ou à l'autre C. G. T. et que l'autonomie en dehors des deux C. G. T. n'est qu'un obstacle de plus à la réalisation ultérieure de l'unité syndicale.

La liaison du P. C. avec la C. G. T. U. ne doit pas être réalisée mécaniquement, mais par le travail des fractions communistes et selon les règles de la démocratie syndicale. Les communistes ne prétendent diriger une organisation syndicale que lorsqu'ils y ont acquis la majorité. Même en ce cas, ils ne doivent pas, dans l'exercice du mandat de l'assemblée générale et du Congrès syndical, se servir mécaniquement du fait qu'ils sont majorité. Ils doivent s'efforcer de gagner toujours davantage la confiance des couches syndicales qui font encore des réserves sur notre action et s'efforcer dans la lutte et le travail quotidiens de les rapprocher de nos méthodes de lutte, de nos conceptions et de notre compréhension des luttes révolutionnaires du prolétariat.

L'affichage de la liaison entre le Parti et la C. G. T. U., l'usage de majorités conquises uniquement par les moyens d'organisation et qui ne seraient pas soutenues par un large courant de confiance et de sympathie, toutes ces fautes encore trop souvent commises à la base sont non seulement un obstacle à l'unité, mais aussi une entrave au développement de la C. G. T. U. en une organisation syndicale de masse, développement absolument nécessaire pour que la C. G. T. U. puisse peser d'un poids accru en faveur de l'unité syndicale.

Ce sont toujours les organes syndicaux réguliers qui doivent effectivement et réellement prendre les décisions. Mais quand les chefs réformistes ou certains courants dans la C. G. T. U. dénient aux communistes le bénéfice du droit commun de la démocratie syndicale, lorsqu'ils dénient aux communistes le droit de diriger une organisation dans laquelle ils jouissent de la confiance et du mandat de la majorité, lorsqu'ils dénoncent ce fait comme une atteinte à l'indépendance du mouvement syndical, nous devons montrer qu'une telle appréciation est une violation de la démocratie syndicale ne pouvant que favoriser la dépendance du mouvement syndical vis-à-vis de la bourgeoisie.

VII. — Pour canaliser ce courant unitaire des masses, nous devons développer aussi notre action de front unique syndical et politique, utiliser les actions communes pour poser des bases d'organisation de l'unité prolétarienne et les développer : comités mixtes dans les syndicats, C. U. P. dans les usines, comités de chômeurs, etc... Ces organes, dont notre Parti doit s'efforcer d'avoir en main les leviers de commande, doivent cependant conserver leur caractère d'organisations de masse et ne porter en aucun cas l'estampille du Parti ou de la C. G. T. U.

VIII. — Dans votre action énergique en faveur des chômeurs, certaines erreurs ont été commises au début, que le Parti a déjà rectifiées C'était le cas en particulier : 1) pour le mot d'ordre concernant la M. O. E. et le contrôle de l'immigration, qui pouvait favoriser les tendances xénophobes dans le prolétariat français, bien que le Parti ait justement défendu et mis au premier plan de son action la revendication de l'égalité de traitement entre ouvriers français et étrangers, et la lutte pour le droit d'asile; 2) votre position concernant la solidarité ouvrière à l'égard des chômeurs. S'il est juste que le Parti ne doit pas se transformer en un Bureau de bienfaisance et doit orienter la lutte des chômeurs vers les revendications du paiement des allocations de chômage équivalentes à leurs salaires de la part de l'État et du patronat; s'il est vrai aussi que la solidarité ouvrière ne peut solutionner la question du chômage, c'était une erreur de critiquer l'initiative prise spontanément dans les usines de la solidarité ouvrière envers les chômeurs Il existe toujours dans une période de chômage le danger d'une lutte entre les chômeurs et les ouvriers qui sont encore dans la production. La solidarité ouvrière devait être encouragée et organisée par la C. G. T. U. tout en faisant comprendre qu'elle ne pouvait ni suffire ni solutionner le problème de l'aide aux chômeurs.

IX. — Nous sommes d'accord avec vous qu'en ce moment les oppositions d'extrême-gauche et de droite ne représentent pas un danger sérieux pour le Parti. Nous sommes cependant d'avis qu'il est indispensable de prendre des mesures décisives pour continuer à améliorer la vie interne du Parti et pour enlever toute base sous les pieds de l'opposition.

Vous avez vous-mêmes reconnu à plusieurs reprises, au Bureau Politique, que la démocratie n'est pas encore complètement réalisée à la base et qu'il reste des procédés mécaniques, que la vie des cellules est réduite. Sans doute, malgré les efforts accomplis par le C. C., il subsiste encore dans ce domaine la trace des erreurs commises dans toute la période qui précéda le 2 décembre 1925. Il faut continuer à remédier à cet état de choses dans la voie tracée par le Congrès de Lille. Il ne faut pas craindre, il faut favoriser la discussion dans les assemblées de cellules et de rayons Si elle donne la possibilité aux oppositions de développer leurs opinions, elle permet à la Direction du Parti de défendre sa politique devant la masse des membres. Il n'y aura pas de vie politique réelle dans les organisations de base sans discussions politiques.

La pratique du centralisme démocratique est la tâche de l'ensemble du Parti, de la base au sommet.

Quand une opposition se manifeste dans les cadres des organes réguliers du Parti, il faut, dans la mesure où la situation le permet, ne pas craindre la discussion; car c'est à travers la discussion et la lutte contre les erreurs que l'ensemble du Parti progresse et que sa direction se consolide. Des mesures disciplinaires ne doivent éventuellement intervenir qu'après un éclaircissement idéologique des questions en discussion devant l'ensemble du Parti dans les cas d'abandon des principes fondamentaux du Communisme ou d'indiscipline Le fait que divers camarades qui ont été en désaccord avec la Direction du Parti travaillent loyalement à des postes importants montre que le Parti a commencé d'entrer dans la bonne voie.

Pour éviter tout malentendu sur ce point, nous soulignons que la pratique de la démocratie interne ne saurait en rien affaiblir notre lutte idéologique énergique contre les déviations représentées par les fractions de droite, de la *Révolution Prolétarienne* et de l'extrême-gauche. Nous rappelons les vigoureuses condamnations prononcées par les VIe et VIIe Exécutifs élargis contre la ligne anti-communiste et l'action contre-révolutionnaire de la *Révolution Prolétarienne*; Rien ne peut être modifié de ces résolutions à l'égard de ceux qui persistent dans leur politique anti-communiste.

X. — Pour aborder ces tâches nouvelles, notre Parti a-t-il les forces nécessaires?

Le Parti et sa Direction se sont considérablement consolidés au cours de l'année écoulée. Certes, des divergences d'opinions peuvent se manifester sur telles ou telles questions tactiques au sein de la Direction, elles sont inévitables dans une situation aussi complexe que celle dans laquelle le Parti doit déterminer son action au jour le jour. Mais ces divergences ne provoquent ni la formation de clans et de fractions, ni l'élimination du travail des camarades mis en minorité sur une question. Le Parti a développé son action de front unique et l'a réalisée dans maints endroits, réussissant à entraîner les ouvriers socialistes et réformistes. Il mène avec vigueur la campagne en faveur de la Chine révolutionnaire et contre le fascisme. Il a commencé à développer une large et vigoureuse campagne contre la nouvelle loi de mobilisation, qui est l'instrument par lequel l'impérialisme français prépare l'exploitation et l'utilisation de toute la masse de la population pour ses prochaines guerres. Notre Parti, en cette circonstance, fut le seul à mener la lutte contre les plans de l'impérialisme et à dénoncer la scandaleuse trahison des chefs et élus socialistes qui se sont révélés une fois de plus les valets du militarisme. Notre Parti est aussi apparu aux masses ouvrières comme le seul défenseur de l'internationalisme. Par son attitude nette, il a dressé contre lui tous les Partis de la bourgeoisie, de l'extrême-droite aux socialistes inclus. Il a su mobiliser autour de ses campagnes, comme pendant sa campagne d'automne, de nombreuses masses. Son influence grandit non seulement dans la population en général, dans les milieux paysans, mais dans les organisations réformistes elles-mêmes. Au cours de l'année dernière, le courant unitaire dans les syndicats réformistes s'est développé et fournit une bonne base au développement de notre action. La situation favorable à notre action trouve un Parti mieux préparé, plus homogène, ayant accru et consolidé ses effectifs, déjà orienté vers le travail de masse, comme le prouve le travail parmi les chômeurs. Ses journaux pénètrent largement la classe ouvrière, et ses progrès manifestes nous donnent la garantie que les tâches devant lesquelles le Parti est placé seront accomplies par lui. Si nous posons aujourd'hui une série de problèmes nouveaux au Parti, si nous lui signalons des dangers et des erreurs, c'est parce que nous avons la conviction que sa consolidation et sa maturité politiques permettent d'aborder ces problèmes en toute franchise, et qu'ils contribueront à renforcer notre action et à poursuivre l'évolution ascendante du Parti

Toutes les remarques que nous faisons à la politique du Parti pour lui donner, dans la situation actuelle, un caractère plus accentué de lutte de classe révolutionnaire ne visent aucunement à engager le Parti à se replier sur lui-même, à abandonner la pratique du front unique ou à retourner aux fautes gauchistes. Elles visent au contraire à faire toujours davantage de la lutte de la masse ouvrière des grandes usines, de la résistance du prolétariat à l'offensive capitaliste et aux dangers de guerre, la préoccupation fondamentale du Parti à laquelle toutes les autres sont subordonnées. Il doit donc resserrer et multiplier ses liens avec la classe ouvrière.

⁂

Abordons maintenant les questions soulevées par votre lettre. Toutes celles qui avaient un caractère politique ont déjà été traitées dans la première partie de cette lettre, nous n'y reviendrons donc pas.

Nous estimons nécessaire de nous arrêter d'abord sur le rôle de la critique dans les relations entre le C. E. de l'I. C. et ses sections. Nous espérons que vous conviendriez avec nous que, sans une critique *réciproque*, franche et nette, notre travail aurait peine à progresser. Le C. E. de l'I. C. vous sera reconnaissant, de même qu'aux autres sections, de suivre attentivement son travail et de lui présenter vos remarques critiques. De son côté, l'I. C. a non seulement le droit, mais aussi le devoir d'analyser et de critiquer l'activité de ses sections et de leur faire part de ses déductions sur toutes les questions de leur travail. Il va de soi qu'en pratiquant une critique réciproque nous devons veiller à ce qu'elle ne porte pas préjudice à notre travail. Par exemple, nous sommes d'accord avec vous que la publication de la camarade Glebova n'était pas à propos et que vous avez pris une décision juste en ne l'insérant pas. Par la même occasion, nous vous ferons observer que *ni le Secrétariat politique, ni le Secrétariat latin* n'ont eu connaissance de cet article et de son envoi au P. C. F.

Nous sommes d'accord avec vous que l'information que nous recevons de vous n'est pas toujours complète. Ceci ne peut nous être imputé. Nous supposons que vous devez prendre soin de nous mettre au courant de tout votre travail et des difficultés que vous rencontrez. Cependant, nous vous faisons remarquer qu'il n'est pas exact d'affirmer que les organes de l'I. C. établissent des résolutions sans discuter au préalable les questions avec les membres de votre délégation. Tous les organes de l'I. C. sont tenus de travailler en se concertant avec les représentants des délégations correspondantes, et, après enquête, nous pouvons affirmer que ce principe fut également appliqué à l'égard de votre délégation.

Si des malentendus ont pu se produire, la volonté réciproque d'une collaboration intime en évitera le retour.

Nous sommes surpris de voir que vous accordez foi aux bruits et rumeurs sans fondement, en particulier au bruit insensé que nous aurions en vue de procéder à un remaniement de la Direction du Parti. Personne ici n'a de telles intentions, et c'est pourquoi nous vous demandons de ne pas envisager nos critiques et nos suggestions comme l'expression d'une volonté de changer la Direction du Parti. Cette préoccupation doit être absolument écartée de nos rapports réciproques, car elle donne à toute critique de notre part une portée et un caractère que nous ne lui donnons pas, et devient ainsi la source des pires malentendus. Parce que Jacob colporte de tels bruits, vous en déduisez que l'opposition « est déjà trop bien informée de ce qui se passe à l'I. C. ».

C'est au contraire la démonstration que Jacob n'est pas informé du tout, parce qu'il n'y a ici absolument aucun fondement à un tel bruit. Nous vous demandons donc d'être absolument tranquilles sur ce point et d'envisager nos critiques et nos suggestions, celles qui peuvent être faites au Secrétariat latin comme les autres, comme des critiques absolument fraternelles et qui n'ont qu'un but : aider la Direction du Parti, lui signaler les dangers, corriger ses erreurs à leur début, afin de contribuer à la consolidation politique du Parti et à sa plus grande activité.

Pour terminer, nous vous ferons observer que, tout en étant d'accord avec vous sur le fait que des articles comme ceux des camarades Humbert-Droz et Vassiliev, publiés en complet accord avec le Présidium de l'Internationale, pouvaient être utilisés par l'opposition, nous pensons néanmoins que, sur le fond, ils avaient absolument raison. Votre revue, qui s'améliore sans conteste, n'accordait pas suffisamment d'attention aux problèmes du Parti communiste français, et cela mène à ce que les militants actifs du Parti s'orientent insuffisamment dans les questions complexes et dans de nombreux cas en province réagissent d'une manière erronée contre les manœuvres des réformistes. L'Exécutif reconnaît qu'il eût été plus opportun dans ces cas précis de se mettre d'abord en rapport avec le C. C. pour traiter avec lui les questions avant de les aborder dans la revue. Le Présidium, pour donner toute garantie au P. C. français, désignera un camarade français comme membre du collège de rédaction de la revue. Nous tenons aussi à souligner que le camarade Humbert-Droz est tout à fait étranger au fait que le camarade Calzan ait reçu son article avant la Direction du Parti; le camarade Calzan, étant l'éditeur de l'I. C., reçoit les articles à publier le premier. Si le Parti communiste français est opposé à la présence du camarade Calzan au poste qu'il occupe, il peut toujours demander à l'I. C. de le changer en communiquant la candidature proposée par le Parti pour son remplacement. Nous demanderons cependant à notre Fédération d'envoyer par le même courrier, à la Direction du P. C. F., copie des manuscrits qui concernent la France.

Nous espérons que cette lettre, qui éclaire les questions politiques les plus importantes, favorisera une collaboration encore plus intime avec l'I. C. et sa Section française.

Le Présidium de l'I. C.

L'état de l'organisation du Parti

Ce court rapport ne se propose pas de faire un examen complet de l'ensemble de l'organisation du Parti. Il veut simplement indiquer ses plus grandes faiblesses et poser quelques indications pratiques pour son amélioration.

Sur bien des points, la 2e Conférence d'organisation du Parti (janvier 1928) a donné déjà des précisions dans lesquelles il n'y a guère de changement et sur lesquelles il est inutile de revenir. Il veut simplement poser les problèmes essentiels qui devront être examinés dans les conférences régionales.

Les effectifs

Habituellement, le Parti calcule ses effectifs en se basant sur le nombre de cartes délivrées aux régions et sur le nombre de timbres placés. Ainsi, pour l'année 1927, 63.302 cartes ont été placées dans les régions avec une moyenne de 28,9 timbres par carte. Pour avoir un chiffre plus précis, on divise généralement le total des timbres placés par les deux tiers des 52 timbres de l'année. On arrive ainsi, pour 1927, à un effectif de 53.917. Il est encore trop tôt pour déterminer suivant cette méthode les effectifs de 1928, la plupart des régions n'ayant pas retourné l'excédent de leurs cartes. Quant à l'année 1929, on peut seulement indiquer que le nombre de cartes délivrées aux Régions, le 1er février, était de 58.000, alors qu'il était de 63.600 à la même époque de l'année 1928 (dans la R. P. seulement, 8.200 cartes sont délivrées aux rayons à l'heure actuelle).

Mais cette méthode de calcul des effectifs est insuffisante. C'est la méthode qui a toujours été utilisée et qui est encore utilisée dans le Parti socialiste. Parmi les cartes et les timbres qui sont envoyés aux régions et aux cellules, un grand nombre ne sont pas placées effectivement et ne sont pas non plus retournés au centre. Aussi, la meilleure méthode pour calculer les effectifs est celle qui consiste à avoir le nombre de camarades inscrits réellement dans le livre du Trésorier de la cellule. C'est ce que la Section Centrale d'organisation a tenté de réaliser pour l'année 1928. Peu habituées encore à ce mode de recensement, les cellules n'ont répondu que dans une faible proportion. Certaines régions, comme l'Alsace-Lorraine et la Basse-Seine, n'ont donné aucun renseignement concernant les effectifs des cellules. Malgré de nombreux rappels, les régions n'ont pas complété les renseignements fournis par les cellules.

Le recensement effectué de cette façon porte sur 1.500 cellules et sur 20.000 membres. Se basant sur les chiffres donnés par la Conférence d'organisation de janvier 1928 et sur les chiffres des feuilles de recensement de l'année 1928, on peut établir par tâtonnement et recoupement le chiffre approximatif des effectifs de 1928.

En tenant compte des faits suivants : 1° que dans les cellules qui ont répondu à nos questionnaires la perte d'effectifs de 1927 à 1928 est de 5,71%; 2° que ce pourcentage est certainement supérieur, de fait, que ce sont les cellules les plus actives qui ont répondu et que des cellules ont disparu. Ces probabilités sont confirmées par les chiffres fournis par les Régions dont on a pu avoir le recensement complet. Pour le Centre-Est, la baisse des effectifs de 1927 à 1928 se chiffre par 13,81 %. Pour le Nord-Est, il est de 64,10 %.

D'autre part, si l'on considère que le nombre des cellules qui existaient en 1927 (3.308) a pu, au mieux des choses, se maintenir, et que la moyenne des effectifs des cellules qui ont répondu au questionnaire 28 est de 13,33, on arrive au chiffre de 44.105 membres. On peut donc considérer que l'effectif approximatif du Parti, pour l'année 1928, se chiffre entre 40.000 et 45.000.

Le chiffre annoncé à Lille était de 55.000; après notre campagne de recrutement de décembre 1926, ce chiffre était monté à 60.000, mais d'après les calculs faits à l'époque par la S. O., il était redescendu, en 1927, à ce qu'il était à Lille. Cependant, il faut faire encore des réserves sur les chiffres de cette époque.

La Section d'Organisation annonçait en 1928 que les effectifs pour 1927 étaient de 56.000. Si l'on compare les chiffres fournis par les régions et les chiffres fournis en 1928 par les cellules, sur les effectifs de 1927, on constate que les régions ont exagéré dans une bonne proportion. Ainsi la région du *Languedoc* annonce en 1927, pour quinze cellules d'entreprises, les effectifs de 172 membres, alors que les cellules annoncent, pour la même année, les effectifs de 150 (c'est-à-dire 12,78 % des chiffres de la région. Dans la région *Bordelaise*, les chiffres donnés par la région sont supérieurs de 23,36 à ceux fournis par les cellules; dans la région *Orléanaise*, de 25,13 %.

Il faut noter qu'en général la baisse d'effectifs a été plus grande dans les cellules d'entreprises que dans les cellules locales. De l'ensemble des réponses reçues des cellules, il ressort que la baisse d'effectifs dans les cellules d'entreprises a été de 7,41 % et dans les cellules locales de 4,46 %. Sans doute, il faut tenir compte qu'il y a eu certainement un déplacement des membres des cellules d'entreprises vers les cellules locales. Mais il n'en est pas moins vrai que la tendance générale à la baisse d'effectifs est plus grande dans les cellules d'entreprises que dans les cellules locales.

Pour certaines régions, le pourcentage de perte d'effectifs est plus grand et quelquefois dans la proportion inverse à celle signalée plus haut. Ainsi, dans la *région Parisienne*, les cellules d'entreprises ont perdu 9,75 % de leurs effectifs; les cellules locales et de rues, 13,82 %.

Composition sociale du Parti

Il faut considérer que cette composition sociale porte seulement sur les 20.000 membres constituant l'effectif des cellules qui ont répondu aux questionnaires. Parmi ces 20.000 membres, 9.075, soit à peu près 50 %, sont des ouvriers de l'industrie privée (métaux, textile, produits chimiques, mines, bâtiment, cuirs et peaux, etc...); 25 % sont des ouvriers à statuts du personnel ou des petits fonctionnaires (éclairage, services municipaux, cheminots, P. T. T., transports divers, etc...); 25 % sont des paysans, des commerçants, des artisans, des intellectuels, etc...

Ci-joint le tableau du pourcentage par catégorie :

Métaux.	11,61 %	P. T. T.	1,30 %
Textile.	4,30 %	Éclairage.	1,07 %
Bâtiment.	7,51 %	Ouvriers agricoles	4,46 %
Produits Chimiques.	0,72 %	Manœuvres.	3,49 %
Cheminots.	10,03 %	Employés commerciaux.	3,84 %
Transports divers.	2,43 %	Services publics.	1,94 %
Bois.	3,01 %	Fonctionnaires.	1,47 %
Alimentaion.	1,63 %	Paysans.	9,90 %
Livre-Papier.	0,68 %	Artisans.	3,05 %
Cuirs et Peaux.	1,61 %	Commerçants.	2,16 %
Mineurs.	6,41 %	Ménagères.	0,88 %
Ports et Docks.	0,18 %	Intellectuels.	0,38 %
Autres Industries.	5,40 %		

De cette statistique, il ressort surtout la faiblesse extrême de notre Parti dans les industries de base de toute importance, dans la préparation de la guerre : textile, produits chimiques, ports et docks.

Dans certaines régions, cependant, on trouve le pourcentage plus élevé pour certaines catégories d'ouvriers; c'est ainsi que dans la R. P. nous avons 17,38 % de métallurgistes; dans le Centre, 30,35 %; dans la région lyonnaise, 15,46 %.

Si l'on compare certains chiffres par rapport à l'ensemble des ouvriers de la même corporation, on trouve qu'il y a 2,2 communistes pour 1.000 métallurgistes; 0,78 pour 1.000 ouvriers du textile; 4,3 pour 1.000 mineurs. Par conséquent, nous constatons une très faible proportion de communistes par rapport à l'ensemble des ouvriers des industries les plus importantes.

Mais ce qui nous importe en premier lieu, et ce qui nous est difficile de réaliser, c'est de connaître dans la couche d'ouvriers de notre Parti la proportion des ouvriers spécialisés et des manœuvres. Notre statisitque indique que la proport'on des manœuvres par rapport à l'ensemble des membres du Parti est de 3,49 %. Il est possible que ce chiffre soit plus élevé, étant donné que souvent ont été classés dans la catégorie des métallurgistes aussi bien que les ouvriers qualifiés de manœuvres. Cependant, il semble bien que le chiffre réel ne soit pas beaucoup plus élevé; c'est donc là une chose bien caractéristique de la composition sociale du Parti et qui doit être pour nous une indication sérieuse pour l'orientation de notre recrutement.

Mais une question doit plus particulièrement attirer notre attention, c'est la répartition des membres du Parti dans les cellules.

Les Cellules

Notre recensement porte sur 358 cellules d'entreprises et 1.112 cellules locales et de rues.

La première constatation à faire, c'est que nos cellules d'entreprises constituent seulement 23,86 % de l'ensemble des cellules du Parti.

Les 358 cellules d'entreprises groupent *5660* adhérents qui agissent dans des usines groupant *290.105* ouvriers, ce qui montre notre faiblesse extrême dans les usines. Sur des millions d'ouvriers organisés dans les usines, nous ne touchons par le moyen de nos cellules que 300.000 ouvriers (au maximum 700.000). Ceci est confirmé par des indications données antérieurement et qu'il est inutile de rappeler dans le détail. Signalons simplement pour mémoire que la région d'Alsace-Lorraine, qui groupe les dizaines d'usines avec des milliers d'ouvriers, quelques-unes atteignant le chiffre de 12.000 ouvriers, nous n'avons dans cette région aucune cellule d'entreprise.

En 1927, l'effectif des cellules d'entreprises était de 31 % par rapport à l'ensemble des effectifs; en 1929, il est de 29,2 %. La moyenne des membres adhérents aux cellules d'entreprises est de 15,81 (11,39 sans les rattachés), alors qu'elle est de 11,98 pour les cellules locales et de rues.

Parmi les adhérents aux cellules d'entreprises, 21,15 % sont des rattachés; défalcation faite de ces rattachés, 22,15 % des membres du Parti recensés militent sur leur lieu de travail ou, plus précisément, sont organisés sur leur lieu de travail.

La lutte menée contre le système des rattachés ne semble pas avoir produit de grands résultats. Chaque jour nous trouvons des cas comme la cellule d'entreprise du 10e Rayon de la R. P. qui sont des cellules de rattachés, ou comme la cellule de Pamiers (Gironde), cellule de 43 membres avec 20 métallurgistes travaillant dans la même usine. La cellule Renault (6e rayon R. P.) est composée de 3 camarades travaillant dans l'entreprise et de 7 ou 8 rattachés. La cellule Talbot, du 15e rayon, est composée de 3 camarades tous rattachés.

Les membres du Parti recensés dans les cellules d'entreprises ont une composition sociale sensiblement différente de celle des effectifs généraux; on constate, par exemple, que les cellules d'administration sont organisées plus facilement et ont une prédominance quant à leurs effectifs sur les cellules d'industries privées. Ainsi, nous avons dans les cellules d'entreprises 22,72 % de cheminots au lieu de 10,03 pour l'ensemble des effectifs. Les administrations des cheminots, transports divers, P. T. T., éclairage, services publics, constituent un pourcentage de 37,39 % au lieu de 25 %. C'est une constatation que nous avons faite déjà depuis un certain temps et qui s'est manifestée à maintes occasions dans notre travail pratique comme, par exemple, l'Assemblée des délégations d'usines de la Région Parisienne de l'année dernière qui représentait surtout les cellules d'administration.

Si l'on examine la répartition des métallurgistes dans les cellules locales et de rues on constate que, nationalement, nous avons 58,66 % des métallurgistes qui sont affectés dans des cellules locales et 40,82 % dans les cellules d'usines.

Dans la R. P., quoique la proportion soit meilleure et que l'on ait 61,81 % des métallurgistes dans les entreprises, nous avons encore la forte proportion de 35,13 % des métallurgistes affectés dans les cellules locales et de rues.

Dans la région du Centre-Est, les métallurgistes constituent les 30,35 % des effectifs, mais ils sont presque exclusivement affectés dans les cellules locales.

Il faut ajouter que le nombre des syndiqués est de 87,14 % dans les cellules d'entreprises et de 43,54 % dans les cellules locales. Ce dernier chiffre s'explique par ce fait que les cellules locales et de rues comprennent de nombreux éléments non syndicables.

Le fort pourcentage d'ouvriers syndiqués dans les cellules d'entreprises n'est pas cependant suivi d'une grande activité dans le domaine syndical; c'est là une des faiblesses les plus grandes de nos cellules, leur manque d'aptitude à réaliser le travail de masse, en particulier le travail syndical. Cette appréciation est encore confirmée par le jugement suivant porté par un membre du Bureau du 6e Rayon sur le travail des cellules de son rayon : « Je pense que plus de 80 % des membres du rayon sont syndiqués, mais je suis sûr qu'ils n'y militent pas en général. »

La conclusion à tirer de ces chiffres est que :

1° Nous touchons très peu les usines, quelques centaines de milliers d'ouvriers d'usines sont touchés par nos cellules, un grand nombre d'entreprises échappent à notre influence directe et quotidienne.

2° Le petit nombre des cellules d'usines fait qu'elles ne jouent pas un rôle déterminant dans la vie politique du Parti.

3° Une composition sociale défectueuse.

A cela, plusieurs raisons; en premier lieu, les erreurs politiques du Parti qui ont eu pour conséquence d'éloigner de notre organisation, au cours de toute une période, des éléments actifs de la classe ouvrière.

Ces méthodes d'agitation et d'organisation sont encore dans une certaine mesure empreintes des traditions social-démocrates. Nos campagnes, on l'a déjà dit, se font le plus souvent en dehors de l'entreprise; la campagne législative de 1928 s'est accomplie hors des usines. Au cours des dernières grèves (Loire, Nord, Gard), nos cellules, en tant qu'organisations de base du Parti, ont participé très faiblement au mouvement; tout au long de la grève du textile du Nord, *la cellule d'Armentières* ne s'est pas réunie une seule fois; lors de la campagne du 7 au 11 novembre, un effort avait été tenté par la direction du Parti pour toucher les entreprises, mais le résultat ne correspondit pas à ce qu'on était en droit d'escompter. Cette campagne nous a montré, au point de vue organisation, que nous devons tenir compte que nous avons seulement à peine 1/4 du Parti qui est lié organiquement avec les usines; nous devons tendre davantage à orienter les cellules locales et de rues vers les usines, sans négliger non plus d'utiliser les possibilités que peut donner l'action locale. Indépendamment de ces fautes d'organisation, on doit dire que l'échec de notre campagne du 7 au 11 novembre est dû surtout à une sous-estimation des dangers de guerre.

D'autre part, le moteur de l'action du Parti au cours des campagnes est surtout constitué par l'organe central, les leaders du Parti et de la fraction parlementaire; il n'y a pas une participation effective de tout le Parti à ses campagnes, la *masse* du Parti n'est pas mise en mouvement pour l'action.

Cependant il faut signaler que cette force politique du Parti et ses mauvaises méthodes de travail sont, dans une certaine mesure, le résultat de sa composition sociale et de sa liaison insuffisante avec les couches les plus exploitées du prolétariat.

La seconde raison importante de la faiblesse de notre organisation de base réside surtout dans la faiblesse politique de nos cellules. Nos cellules, en général, ne font pas un travail systématique et permanent, et les mènent une action intermittente au gré des circulaires reçues du rayon ou de la région; pas de travail systématique dans la section syndicale, pas de travail d'agitation permanent (journal d'usine), *pas de liaison des mots d'ordre du Parti avec les tâches dans l'usine. Ainsi, sur 18 journaux d'usines du mois de novembre examinés dans la R. P., 8 seulement ont parlé des dangers de guerre, 2 de la grève du textile, 4 de la lutte contre la répression. Dans la région marseillaise, sur 13 journaux parus en novembre (anniversaire de la Révolution russe), 3 seulement ont parlé de l'U. R. S. S.* L'insuffisance du travail de masse caractérisée surtout par le manque d'aptitudes à se lier avec les ouvriers sans parti dans l'accomplissement des tâches quotidiennes (participation à la rédaction du journal d'entreprise, à sa diffusion, participation au recueillement de souscriptions, participation aux comités de grèves, etc.). Dans ces tâches pratiques, la cellule est encore trop renfermée sur elle-même, son travail syndical est encore trop mécanique. La cellule ne cherche pas à développer l'initiative des ouvriers syndiqués et à les faire participer au travail de direction de la section syndicale.

Le recrutement n'est pas orienté vers les couches les plus exploitées de l'usine; trop souvent, les cahiers de revendications élaborés sous l'impulsion de nos cellules n'intéressent pas les manœuvres spécialisés; bien souvent, aussi, les mouvements de grèves dans les grandes usines sont déclenchés par les membres du Parti seulement dans leurs ateliers sans qu'ils cherchent toujours à élargir l'action à l'ensemble de l'usine et aux couches les plus exploitées; enfin, plus d'une fois, des mouvements se sont déclenchés dans les usines à l'insu de notre cellule. Le recrutement n'est pas toujours considéré comme un travail quotidien de la cellule, mais encore trop comme devant être le résultat de grandes assemblées et de grands meetings; les cellules doivent s'orienter davantage vers le recrutement systématique et consécutif à l'action persévérante auprès des sympathisants. Le meilleur recrutement sera celui qui couronnera un travail de longue haleine auprès des ouvriers sans parti par chaque membre de la cellule et à l'occasion des tâches de tous les jours.

On a quelquefois tendance à considérer le développement du niveau politique seulement sous l'angle de l'éducation abstraite des membres du Parti; au cours de la discussion est apparue cette opinion qu'avant de lancer les ouvriers dans les entreprises il faut faire leur éducation dans les cellules locales. D'un rapport du 6e Rayon nous extrayons le passage suivant :

« Dans le XIVe arrondissement, le bureau du sous-rayon fait subir aux nouveaux adhérents un stage dans une cellule de rue avant de les affecter à leur cellule d'entreprise. Je pense que c'est mauvais, car j'ai vu dans le recensement d'une cellule un camarade qui travaillait chez Ballot, qui a quitté la boîte, car on ne lui avait pas montré la nécessité de constituer une cellule. »

Le développement du niveau politique des cellules ne peut avoir pour objectif que l'action pratique de la cellule; c'est donc surtout dans l'action pratique que se fera le développement idéologique des membres du Parti.

Cependant il faut noter que, dans l'année écoulée, on a un peu trop négligé le travail d'éducation dans les écoles élémentaires. A côté de ces difficultés d'insuffisance politique, il faut ajouter les difficultés d'organisation du travail dans les cellules. En premier lieu l'absence des directions, de bureaux de cellules susceptibles d'orienter et de systématiser le travail; sans doute l'effectif des cellules ne permet pas toujours d'avoir des bureaux, cependant la plupart du temps il doit être possible d'avoir un bureau d'au moins trois membres.

Une des raisons qui gênent considérablement le travail des cellules est la multiplicité des tâches qui sont fixées aux adhérents. Tâches à l'usine, tâches locales, travail dans les organisations extérieures, il faut en finir avec la gymnastique intérieure; il faut simplifier davantage le travail, concentrer nos efforts sur la cellule, la section syndicale et le comité d'usine.

C'est seulement dans la mesure où nous remédierons à ces faiblesses que nous enrayerons le mouvement de désaffection qui atteint nos cellules d'entreprises, et que nous combattrons avec plus d'efficacité la tendance liquidatrice qui se manifeste aussi bien au sommet qu'à la base du Parti. Sous la poussée de la répression et des difficultés du travail des cellules est apparue, en même temps que le recul stratégique de Renaud Jean, la tendance à liquider le Parti en tant que Parti dans les usines, à masquer l'étiquette du Parti dans les journaux d'entreprises, sous prétexte de ne pas effrayer les ouvriers.

Sans doute il ne faut pas négliger la répression comme une des raisons importantes des difficultés de travail dans nos cellules, cependant il faut lutter contre la tendance à les mettre au premier plan. Nous devons, à tous les échelons, adapter nos méthodes de travail à cette nouvelle situation, mais en aucun cas les mesures prises ne doivent annihiler l'activité du Parti.

En résumé, le problème essentiel dans le travail de nos cellules réside surtout et en premier lieu dans le développement de leur vie politique pratique quotidienne et dans l'amélioration de leurs méthodes de travail. C'est dans la mesure où nous nous rapprocherons de ces objectifs que disparaîtront les causes d'ordre secondaire.

Les Comités

Mais il est évident que nos cellules ne pourront s'améliorer qu'autant qu'elles seront aidées effectivement par les comités supérieurs, comités de sous-rayons, de rayons ou départementaux. Les observations faites par les cellules qui ont répondu au questionnaire de 1928 portent dans l'immense majorité des cas sur l'aide insuffisante que les comités apportent au travail des cellules, non pas tellement aide technique matérielle, mais surtout aide politique. Les camarades des cellules veulent travailler dans les cellules, mais ne savent pas travailler et demandent des conseils. Ces conseils, personne ne les leur donne.

La liaison des comités et des cellules se fait le plus souvent d'une façon bureaucratique, par l'envoi de circulaires — ça n'est pas une liaison vivante — soit de réunions des secrétaires de cellules auprès du comité supérieur, soit des visites des membres du comité supérieur aux cellules. *Cette indifférence des comités à l'égard du travail des entreprises* est due en majeure partie d'abord à la composition sociale même des comités, ainsi le comité régional du Languedoc comprend 23 membres parmi lesquels seulement un mineur (c'est la région qui a eu à diriger la grève des mineurs dans le Gard). D'autre part, ce comité ne comprend, en plus du mineur, que 5 ouvriers d'industries privées, les autres étant des instituteurs, ouvriers agricoles, ouvriers à statuts du personnel.

De plus, bien souvent nos comités sont insuffisamment liés par leurs membres aux cellules d'entreprises; ainsi le même comité du Languedoc comprenant 23 membres, 17 d'entre eux appartiennent à des cellules locales ou de rues, 6 seulement appartiennent à des cellules d'entreprises. Enfin, dans maintes circonstances, nos comités ne contiennent pas suffisamment d'ouvriers travaillant effectivement en usine.

Quoi d'étonnant, dans ces conditions, que des mouvements éclatent dans les usines sans que les comités en soient avertis. Dans la Région Parisienne, un secrétaire de rayon affirmait l'impossibilité de travailler avec fruit dans les usines de son rayon; peu de jours après son affirmation, un mouvement éclatait dans une des usines du territoire du rayon à l'insu du comité de rayon. Ceci explique également la participation insuffisante des comités de rayon dans les derniers mouvements grévistes de la Loire, du Gard et du Nord.

Indépendamment de ces défauts provenant de leur composition, nos comités, en général, souffrent de l'absence de méthodes sérieuses de travail dans leur sein; ils ne remplissent pas leur rôle de dirigeants politiques; le plus souvent le secrétaire de rayon ou de région est absorbé par toutes les tâches d'organisation, d'agitation et de propagande. Il n'y a pas, dans le comité régional, de divisions sérieuses de travail. Alors que les problèmes d'organisation doivent attirer plus particulièrement nos régions, il est à noter, dans les régions les plus importantes, comme le Nord, les régions lyonnaise et marseillaise, qu'il n'y a pas de section d'organisation. La région du Nord a bien sa section municipale, ce qui est bien, mais elle n'a pas de section d'organisation, ce qui serait mieux.

Il faut signaler également un défaut assez fréquent dans le fonctionnement de nos comités :

A plusieurs reprises, il nous a été donné de constater la difficulté de travail des comités lorsqu'ils se superposent dans la même localité, comme ce fut le cas à Marseille et à Limoges pendant un certain temps. En principe, nous devons tendre à ce qu'un seul comité fonctionne dans la même localité ou la même ville.

Les questions financières et les comités

Trop souvent nos comités ont apporté une attention insuffisante aux questions financières. L'état d'esprit qui consiste à tout attendre au point de vue financier des organismes supérieurs pour pouvoir engager une action politique tend à se généraliser de plus en plus. Le Parti, dans son ensemble, doit réagir vigoureusement contre ce courant.

Il faut, en premier lieu, faire le travail nécessaire auprès des cellules pour que les timbres soient pris suivant le taux correspondant aux salaires. En second lieu, il faut développer l'initiative à tous les échelons pour la recherche des ressources extraordinaires, en particulier pour la mobilisation des sympathisants et des sans-parti pour le recueillement des sommes nécessaires à l'activité de notre Parti. Enfin, les comités de rayon et de région doivent instituer des commissions de contrôle pour l'examen régulier de la trésorerie. Dans ce domaine, nous devons tendre à une décentralisation des ressources extraordinaires (souscription) et à une plus grande centralisation des ressources ordinaires (cartes et timbres) et à une utilisation plus judicieuse des ressources du Parti.

Politique des cadres

Le Parti doit accentuer d'une façon systématique sa politique de formation des cadres. Cette politique doit consister, à notre avis, surtout dans le développement du travail collectif à tous les échelons. Il faut lutter avec la dernière vigueur contre les tendances bureaucratiques et de travail personnel des secrétaires de rayon et de région, contre la pratique du refoulement des meilleurs éléments ouvriers qui pourraient se développer rapidement s'ils étaient inclus dans les organismes supérieurs de direction ou dans des sections de travail.

En ce qui concerne les directions régionales, il faut tendre avec énergie à l'organisation de directions collectives prises dans les régions elles-mêmes et à réduire au minimum possible la politique d'importation de cadres.

La presse d'usine

Notre presse d'usine a subi, au cours des deux dernières années, une diminution assez sensible. Le nombre de nos journaux d'usines a baissé dans une proportion très forte. Au cours de la campagne du 7 au 11 novembre, nous avons, à la section centrale d'organisation, insisté auprès des régions et auprès de l'ensemble du Parti pour le développement de nos journaux; nous avons, depuis, une légère amélioration, le tirage est passé de 29 en septembre à 47 en octobre et à 75 en novembre; cependant c'est encore un chiffre qui est loin d'atteindre le chiffre annoncé à la conférence d'organisation de janvier 1928, qui indiquait une moyenne de 100 journaux mensuels pour l'ensemble du Parti. Dans la Région Parisienne, alors que la conférence d'organisation annonçait 70 journaux par mois, nous n'avons eu comme recensement dans cette région, pour les trois mois de septembre, octobre et novembre, que les chiffres de 15, 12 et 18.

Cependant, ce ralentissement dans les journaux du Parti est marqué, tout au moins dans la Région Parisienne, par un accroissement des journaux d'usines syndicaux, édités par les sections syndicales; mais ce chiffre ne compense pas la diminution du nombre des journaux du Parti.

Il faut signaler dans la présentation des journaux une tendance nouvelle que nous avons déjà indiquée plus haut et qui consiste à masquer l'étiquette du Parti dans nos journaux d'entreprises. Cette tendance liquidatrice s'est exprimée à plusieurs reprises ouvertement dans la R. P. Il nous faut lutter vigoureusement contre ce courant en précisant que, quelles que soient les circonstances, la figure du Parti ne peut disparaître, même dans les périodes les plus difficiles d'illégalité. Le Parti, en tant que Parti, doit continuer à apparaître comme le seul guide et le seul défenseur des masses prolétariennes.

La correspondance ouvrière

La correspondance ouvrière a pris, au cours de l'année écoulée, un grand développement; elle occupe une place de plus en plus grande dans l'*Humanité*; cependant de nouveaux problèmes se posent devant elle.

La qualité politique de nos correspondants doit être développée. On a un peu trop, jusqu'à présent, considéré nos correspondants comme de simples informateurs. Il faut, en particulier, saisir l'occasion de la discussion actuelle pour y faire participer les correspondants ouvriers.

D'autre part, le développement en nombre de nos correspondants pose la question de leur organisation en cercles. On ne peut invoquer comme obstacle à cette organisation la répression. Ce serait aussi alors, dans ce cas, un argument qui devrait être invoqué contre l'organisation du Parti en cellules. Ce qu'il faut, c'est prendre toutes les mesures nécessaires pour que l'organisation des correspondants n'ait pas à souffrir la répression. Il faut considérer, d'autre part, l'utilité et la nécessité d'une liaison des correspondants et des organisations du Parti à la base, sous une forme adaptée à chaque situation.

Enfin, il faut poser la question de la liaison des correspondants avec la presse de province et avec la presse d'usine; jusqu'ici, le correspondant ouvrier a été considéré uniquement sous l'angle de la presse centrale.

Les Statuts

Les statuts du Parti indiquent à l'article 14 « que les membres du Parti ne travaillant dans aucune entreprise appartiennent, en règle générale, à la cellule d'entreprise la plus voisine ou forment des cellules de rues ».

Il faut remplacer ce texte par « que les membres du Parti ne travaillant dans aucune entreprise forment en règle générale des cellules de rues ».

Conclusion

Nous voulons simplement donner ici quelques indications sur les tâches pratiques et immédiates :

1° Le Parti doit s'efforcer de donner le plus rapidement possible un bilan exact de la situation du Parti. Les régions, en vue de leurs conférences régionales, doivent préparer un bilan complet et précis de l'organisation de leur région.

2° Les mesures immédiates doivent être prises pour remédier à la baisse générale des effectifs du Parti et à la composition sociale de ces mêmes effectifs. Au cours des campagnes successives qui vont se poursuivre dans les semaines qui viennent (anniversaire de l'I. C., de l'Internationale des femmes, anniversaire de la Commune, préparation du 1er Mai), l'effort le plus énergique doit être concentré sur le recrutement. Un effort tout à fait spécial doit être porté par nos régions dans les branches industrielles du textile et des produits chimiques et aussi dans les ports et docks; une action parallèle doit être menée dans les fédérations syndicales de ces branches.

3° Les directions générales doivent procéder immédiatement à la révision des comités (comités régionaux, comités de rayon) et assurer à ces comités une composition qui offre des garanties suffisantes pour une orientation politique juste et aussi pour un travail effectif dans les grosses entreprises.

5 février 1929.

TABLE DES MATIÈRES

Pages

Rapport politique 3

Situation internationale et le danger de droite dans l'I. C. 37

La situation politique et économique en France, la politique, la
tactique et les tâches de notre parti 61

Annexes :

Lettre ouverte aux membres du parti 83

Lettre du Présidium de l'I. C. au Comité français du Parti communiste, à Paris 88

L'état de l'organisation du parti 97

LA TYPO-LITHO
11, rue Danicourt, Malakoff
Téléph. Montrouge 780

BUREAU D'ÉDITIONS

132, FAUBOURG SAINT-DENIS — PARIS X

CHÈQUE POSTAL N° 243-47

EXTRAIT DU CATALOGUE

Congrès de Lyon du P. C. F. 2 50
Ve Congrès du P. C. F. (Lille 1926) .... 13 »
PIATNITSKY O. — Questions d'organisation .... 8 »
        Le travail d'organisation dans les
    partis communistes des pays capitalistes .... 4 »
Questions d'organisation au Ve Congrès mondial 4 25
Deuxième conférence d'organisation .... 4 »
Réorganisation des partis communistes .... 7 »
Lénine et l'organisation .... 3 »
BOUKHARINE N. — La situation internationale et les
    tâches de l'I. C. .... 3 »
STALINE J. — Rapport au XVe Congrès du P. C. de
    l'U. R. S. S. 3 25
XVe Congrès du P. C. de l'U. R. S. S. .... 12 »
Manifeste et résolutions du 1er Congrès de l'I. C. .... 4 »
IIIe Congrès de l'I. C. (1921), thèses et résolutions .... 3 »
Exécutif élargi (1922), compte rendu .... 5 »
IVe Congrès de l'I. C. (1923), thèses et résolutions .... 4 »
Le programme du P. C. soumis au Ve Congrès mondial .... 7 »
Le IIIe Internationale, ses principes, son premier Congrès .... 2 »
Ve Congrès de l'I. C. (juin-juillet 1924) compte rendu ana-
    lytique .... 11 »
Ve Congrès (résolutions) .... 3 »
Les sous du Ve Congrès 0 80
VIe Congrès de l'I. C. (juillet-Septembre 1928), compte
    rendu sténographique (relié) .... 25 »
Thèses et résolutions du VIe Congrès de l'I. C. .... 8 »
Programme de l'I. C. (adopté par le VIe Congrès) .... 1 »
IVe Exécutif élargi (mars-avril 1925), compte rendu .... 10 »
IVe Exécutif élargi (mars-avril 1925), thèses et résolutions .. 1 25
VIe Exécutif élargi (fév.-mars 1926) compte rendu (relié) .... 12 »
VIIe Exécutif élargi (nov. 1926), compte rendu (relié) .... 14 »
L'activité de l'I. C. du Ve au VIe Congrès .... 3 »
L'Internationale communiste et la guerre ....
Classe contre classe (la question française au IXe Exé-
    cutif et au VIe Congrès de l'I. C. .... »
Dix années d'Internationale communiste .... 1 »

CATALOGUE GÉNÉRAL franco sur demande

www.ingramcontent.com/pod-product-compliance
Lightning Source LLC
LaVergne TN
LVHW050633060726
842527LV00004B/1282